BEI GRIN MACHT SICH IHR WISSEN BEZAHLT

Nihilismus mit Kafka. Blumenberg über die Krise im WIrklichkeitsbezug und ethisches Handeln

Amon Raun

Bibliografische Information der Deutschen Nationalbibliothek:

Die Deutsche Nationalbibliothek verzeichnet diese Publikation in der Deutschen Nationalbibliografie; detaillierte bibliografische Daten sind im Internet über http://dnb.d-nb.de abrufbar.

ISBN: 9783346901651
Dieses Buch ist auch als E-Book erhältlich.

© GRIN Publishing GmbH
Trappentreustraße 1
80339 München

Druck und Bindung: Books on Demand GmbH, Norderstedt Germany
Gedruckt auf säurefreiem Papier aus verantwortungsvollen Quellen

Das Buch bei GRIN: https://www.grin.com/document/1370018

NIHILISMUS MIT KAFKA

BLUMENBERG ÜBER DIE KRISE IM WIRKLICHKEITSBEZUG UND ETHISCHES HANDELN

Bachelorarbeit

zur

Erlangung des akademischen Grades

„Bachelor of Arts"

der Philologischen und der Philosophischen Fakultät

der Albert-Ludwigs-Universität

Freiburg i. Br.

vorgelegt von

Amon Raun

SS 2021

Hauptfach

Inhaltsverzeichnis

1. Einleitung

Hans Blumenberg (1920 – 1996) ist ein Philosoph, der sich zulieben im Hintergrund hielt. An seinen Texten besteht lebhaftes Interesse und vieles wird im Nachlass entdeckt, das uns ein Philosophenleben verstehen lässt, dessen größte Bürde es war, nicht genug Zeit zu haben. Dennoch werden seine frühen Jahre oft übersehen, wie schon Kurt Flasch (1930 –) im Vorwort seiner Monographie über diesen Lebensabschnitt des Philosophen anmerkt: „Die Forschungsliteratur wächst ständig an, behandelt aber seine zwanzig ersten Autorenjahre meist gar nicht oder mit kalt-staunendem kurzen Blick."[1] Diese anfängliche Zeit ist dabei durchaus faszinierend, auch aufgrund der Lebenslage, in der sich Blumenberg befand. In den frühen Fünfzigerjahren besaß er noch keine feste Stelle, während seine Familie weiter wuchs; er schrieb deshalb kurze Feuilletons für diverse Zeitungsverlage und beschäftigte sich dabei mit allerhand Themen.[2] Ein Modethema der Nachkriegszeit war der *Nihilismus*.[3] Für Blumenberg macht den Nihilismus aus, eine Krise des eigenen Wirklichkeitsbezuges zu sein. Ersichtlich wird das anhand von Franz Kafka (1883 – 1924). Blumenberg widmete Kafka eine Menge Aufmerksamkeit in seinen frühen Jahren und schrieb ihm hohe Bedeutung zu. Er bietet uns den Rahmen, um zu verstehen, was Nihilismus nach Blumenberg bedeutet. Aber auch Blumenberg versteht den Nihilismus wie schon Friedrich Nietzsche (1844 – 1900) als philosophisches Problem. Es wird zum Thema, dieses Problem des Nihilismus herauszuarbeiten und so gut wie möglich mit dem zu lösen, was Blumenberg hergibt.

Im Zentrum der Untersuchung der Wirklichkeitsbegriffe stehen daher dessen Habilitationsschrift *Die ontologische Distanz*[4] von 1949/50 und *Realität und Realismus,* das diverse unveröffentlichte Texte zum Thema Wirklichkeit vereint und sich inhaltlich mit den Texten „Wirklichkeitsbegriff und Möglichkeit des Romans" von 1964 sowie „Wirklichkeitsbegriff und Wirkungspotenzial" des Mythos von 1971, beide veröffentlicht in *Ästhetische und metaphorologische Schriften,* deckt. In Bezug auf den Nihilismus bei Kafka

---

[1] Flasch, K., *Hans Blumenberg. Philosoph in Deutschland: Die Jahre 1945 bis 1966*, 2. Aufl., Frankfurt a.M. 2017, S. 7.
[2] Vgl. Winkler, W., 08.02.19, „Zu Beginn der Fünfzigerjahre schrieb der Philosoph Hans Blumenberg Feuilletons für verschiedene Zeitungen", [Süddeutsche Zeitung] https://www.sueddeutsche.de/kultur/hans-blumenberg-neue-rundschau-rezension-1.4320680 (Zugriff am 07.04.21).
[3] Vgl. Flasch, K., *Hans Blumenberg*, S. 240.
[4] Im Marbacher Literaturarchiv liegt auch eine ältere Fassung vor, die den Titel „Das Distanzproblem des Philosophierens" trägt. Gearbeitet wird hier jedoch mit der letzten, endgültigen, 1950 von der Fakultät angenommenen Fassung; eine offizielle Veröffentlichung dieses Textes gibt es nicht, siehe hierzu bes.: Flasch, K., *Hans Blumenberg*, S. 161 [Anm. 97].

sind besonders Blumenbergs Vortrag „Das Problem des Nihilismus in der deutschen Literatur der Gegenwart" von 1950 und frühe Texte wie „Der absolute Vater", 1952 als Zeitungsartikel und 1953 als Aufsatz erschienen, „Die Krise des Faustischen im Werk Franz Kafkas" von 1951 und „Der Antipode des Faust" von 1953 zentral. Eine Sonderstellung als dessen wohl am nahesten „ethische" Schrift nimmt sein Zeitungsartikel „Ist eine philosophische Ethik gegenwärtig möglich?" von 1953 ein, der vor allem für einen sauberen Abschluss des sich aufzeigenden Problemhorizonts wichtig wird.

2. Von den Wirklichkeitsbegriffen zum Nihilismus

Will man Blumenbergs Definition des Nihilismus verstehen, muss man betrachten, was er unter dem Begriff der „Wirklichkeit" versteht. Der junge Blumenberg denkt hier von Edmund Husserl (1859 - 1938) ausgehend und findet seinen philosophischen Gegner in Martin Heidegger (1889 – 1976). Der Wirklichkeitsbegriff konkurriert mit dem des Seins; dessen Schicksal soll mit der Thematisierung des Wirklichkeitsbegriffs vermieden werden.[5] Bei dem Fragen nach dem Sinn des Seins handelt es sich um einen Abweg, der auf bloßer Substantivierung von „sein" mit Hinzufügen des bestimmten Artikels beruht.[6] Für Blumenberg ist das Sein ein aufgeblähter und interessant gemachter Nonsens.[7] Die von Husserl auf den Weg gebrachte Phänomenologie ist entgegen der Fundamentalontologie Heideggers viel ergiebiger, um zu klären, was es mit der Welt und mit uns Menschen in ihr auf sich hat.[8] Manfred Sommer (1945 -) fasst diesen Aspekt pragmatisch zusammen: „Wirklichkeit statt Sein – das ist Blumenbergs thematische Opposition."[9] Auch wenn Blumenberg nicht schlicht den Faden Husserls weiterspinnt, sondern dessen Philosophie selbst einer kritischen Betrachtung aussetzt und um eine Anthropologie erweitert, so lässt im Folgenden doch sein phänomenologischer Ausgangspunkt herauslesen, mit dem er Wirklichkeit begreift.

Neben dem Begriff der „Wirklichkeit" fällt ebenso der Begriff der „Welt" wiederholt. Um Missverständnisse vorzubeugen, muss gesagt sein, dass *Welt* und *Wirklichkeit*, beide beschreiben in Konkurrenz zueinander die Totalität dessen, was es gibt, von Blumenberg benutzt werden, um ein und dasselbe *Ganze* zu bezeichnen.[10] Sie sind synonym, aber

---

[5] Vgl. Sommer, M., „Wirklichkeit", in: Buch, R. (Hrsg.), Weidner, D. (Hrsg.), *Blumenberg lesen. Ein Glossar*, Berlin 2014, S. 365.
[6] Vgl. Ebd., S. 365.
[7] Vgl. Ebd., S. 365.
[8] Vgl. Ebd., S. 365.
[9] Ebd., S. 365.
[10] Vgl. Ebd., S. 364.

differenziert, insofern sie verschiedene Aspekte dieses Ganzen beschreiben; der Weltbegriff beschreibt für Blumenberg das Ganze in seiner Ganzheit, gleichsam von außen als gegebene Gestalt, wohingegen der Wirklichkeitsbegriff die Weise betont, wie dieses Ganze in sich gefasst und aus seinen Teilen gewirkt ist.[11] Beiden Begriffen kommen des Weiteren verschiedene Typen von Attributen zu; die Welt kann geschaffen, abhängig oder geschlossen sein, die Wirklichkeit dagegen dicht, brüchig oder konsistent.[12] In diesen Attributen beweist sich, warum im Folgenden der Begriff der Wirklichkeit der für das Vorhaben nahrhaftere ist, wie sich sogleich zeigen wird. Wie ist dieses Ganze in sich gefasst bzw. wie definiert sich Wirklichkeit bei Blumenberg?

> So paradox es klingen mag: nicht Wirklichkeit wird als Wirklichkeit erfahren, sondern Unwirklichkeit als Unwirklichkeit. Das heißt: Realität ist ein implikatives Prädikat, da sie schon kein reales Prädikat mehr ist.[13]

Blumenberg versteht als wirklich, was nicht unwirklich ist, denn üblicherweise findet das Wort „wirklich" keine Verwendung in einem intakten, d.h. reibungslos und konfliktfrei verlaufenden Leben.[14] Insofern bedarf der Begriff keinen sprachlichen Repräsentanten und doch durchformt er ungesagt unsere Sicht und unseren Umgang mit der Totalität der Dinge.[15] Das, was für uns als wirklich gilt, ist Blumenberg zufolge das *Selbstverständliche*.[16] Bis wir auf eine Unstimmigkeit stoßen, sind der Zugang zur Welt und der Umgang mit ihr unreflektiert, gewissermaßen athematisch.[17] *Wirklichkeit* wird erst indirekt über den Weg der *Erfahrung* thematisiert, wenn Enttäuschungen, ein Misslingen, ein Scheitern die Sicht für das eröffnen, was wir vorher einschlussweise für wirklich gehalten haben und d.h. für *selbstverständlich*.

> Für diesen Sachverhalt gilt Hegels Verdikt über die Philosophie, daß die Eule der Minerva ihren Flug erst in der Dämmerung beginnt. Nur begreifen wir anders, weshalb das so ist. Nicht weil die Arbeit des Begriffs die späte oder gar letzte ist, sondern weil der Sachverhalt erst zutage tritt, wenn die triviale Selbstverständlichkeit seiner Geltung durchbrochen wird, wenn die Überholtheit der Formeln, in denen sich der implikative Begriff verbirgt, den Hohn seiner Kritiker hervorruft.[18]

Wirklichkeit ist kein Gegenstand direkter, unmittelbarer Erfahrung; die negativen Erfahrungen, die nicht mehr mit dem *Selbstverständlichen* vereinbar sind, *implizieren* durch den *Kontrast*,

---

[11] Vgl. Sommer, M., „Wirklichkeit", S. 364.
[12] Vgl. Ebd., S. 364.
[13] Blumenberg, Hans, *Realität und Realismus*, herausg. v. Nicola Zambon, Berlin 2020, S. 39.
[14] Vgl. Sommer, M., „Wirklichkeit", S. 363.
[15] Vgl. Ebd., S. 363.
[16] Vgl. Zambon, N., Nachwort zu: *Realität und Realismus*, S. 223.
[17] Vgl. Ebd., S. 223.
[18] Blumenberg, RR, S. 37.

was *Wirklichkeit* für denjenigen war. So wie Hegels Eule der Minerva ihren Flug erst in der Dämmerung beginnt, thematisiert der Mensch seine *Wirklichkeit* als das unbewusst fraglos Angenommene umwegig, indirekt, nachträglich.[19] Erst wenn es zu einer Störung oder Reibung mit der bis dato unthematisierten *Selbstverständlichkeit* kommt, offenbart sich das *Selbstverständliche* in seiner Fraglichkeit.[20] Über die *Erfahrungen* wird auch die Sicherung der Erkenntnis relevant, was schließlich auf *Gewissheit* zielt – *Wirklichkeit* und *Gewissheit* sind eng verknüpft:

> Wirklichkeit aber kann sich dem Denken nur bezeugen im Wissen, d.h. in der einsichtigen Rechtfertigung ihrer Gegebenheit. Gewißheit wird zum Ertrag kritischer Reflexion, sie wird erleisteter Besitz. Den Gegebenheiten der Erfahrung wird ihre Ausweisung als Wirklichkeit abgefordert.[21]

In der indirekten Erschließung über die *Erfahrung* wird vor allem ein Charakteristikum deutlich, das hervorgehoben werden muss: Die *Relativität von Wirklichkeitsbegriffen*, also ihr Bezug auf individuelle Sichtweisen oder kulturelle Lebensformen sowie epochale Bewusstseinsarten.[22] Der Wirklichkeitsbegriff fasst zusammen, was immer zu den *Selbstverständlichkeiten* des jeweiligen Weltbezuges gehört, d.h. weltlos, sprich inhaltlich unbestimmt konstituieren die jeweiligen Wirklichkeitsbegriffe in unseren Kulturwelten das, was durch sie und in ihrem Horizont als das *Selbstverständliche* bereits genommen wurde.[23] Insofern sind Wirklichkeitsbegriffe für Blumenberg Lebenswelten zweiter Stufe oder zweiter Grades, d.h. sie sind historische Sinnstrukturen, die unser Weltbewusstsein und Wirklichkeitsverständnis jeweils – also historisch variabel, kontextabhängig und lebensweltlich bedingt – konstituieren.[24] Dieser Aspekt ermöglicht die *Pluralität* verschiedener Wirklichkeitsbegriffe und eine *Geschichtlichkeit* ihrer, mit anderen Worten ein Nebeneinander wie ein Nacheinander. Doch gerade weil Wirklichkeit ein *implikatives Prädikat* ist, wird von ihr zwar Gebrauch gemacht, aber man kann sie als *selbstverständlich* nicht ausformulieren, weil sie nur indirekt erfahrbar ist. Blumenberg erklärt dies wie folgt:

> Der Wirklichkeitsbegriff einer Epoche bleibt in ihren Zeugnissen in eigentümlicher Weise stumm, und das nicht zufällig, sondern aufgrund der eigentümlichen Selbstverständlichkeit, mit der eine Epoche sich an das hält, was ihr für wirklich gilt. Von ihrem Wirklichkeitsbegriff macht eine Epoche Gebrauch, aber sie redet nicht von ihm, sie kann von ihm gar nicht reden, und in diesem Sinne „hat"

---

[19] Vgl. Zambon, N., Nachwort zu: *Realität und Realismus*, S. 223.
[20] Vgl. Ebd., S. 223.
[21] Blumenberg, Hans, *Die ontologische Distanz. Eine Untersuchung über die Krisis der Phänomenologie Husserls*, unveröffentlichte Habilitationsschrift Kiel 1950, S. 15.
[22] Vgl. Sommer, M., „Wirklichkeit", S. 363.
[23] Vgl. Zambon, N., Nachwort zu: *Realität und Realismus*, S. 224.
[24] Vgl. Ebd., S. 224.

sie ihren Wirklichkeitsbegriff nicht. Nur dadurch, daß das Verständnis von Wirklichkeit selbst Geschichte hat, daß es abgelöst werden kann und durch ein neues Verhältnis zur Wirklichkeit und diese Ablösung sich gerade als *Kritik* am Wirklichkeitsverständnis der Vergangenheit formuliert, nur auf diese *indirekte* Weise gewinnen wir einen Zugang zur Geschichte des Wirklichkeitsbegriffs.[25]

Deshalb ist eine geschichtsphänomenologische Beschreibung der Wirklichkeitsbegriffe und ihrer Ablösungsmomente eine essenzielle Vorbetrachtung.

2.1 Epochale Wirklichkeitsbegriffe

Aufgrund seiner erklärten Relativität, d.h. dass der Wirklichkeitsbegriff abhängig von Einstellungen oder Lebensformen ist, gibt es theoretisch unendlich viele Wirklichkeitsbegriffe. Blumenberg fasst es in vier Wirklichkeitsbegriffe zusammen, die er den verschiedenen Epochen zuordnet: 1. Den der *momentanen Evidenz* für die Antike, 2. den der *garantierten Realität* oder der *dritten Instanz* des Mittelalters, 3. den der *Realisierung eines in sich einstimmigen Kontextes* oder der *immanenten Konsistenz* in der Neuzeit und 4. den des *Widerstands* oder des *dem Subjekt nicht Gefügigen* der Moderne.[26] Die Beschreibung sowie Thematisierung ihrer Ablösungsverhältnisse bilden keine homogen chronologische noch geschichtsphilosophische oder historiographische Epochenaufreihung, sondern zielen vielmehr darauf ab, eine *geschichtsphänomenologische Retrospektive* zu leisten.[27] Es ist die Betrachtung der *Ursprünglichkeit* des gegenwärtigen Wirklichkeitsverständnisses, zu dem die verschiedenen bewusstseinsgeschichtlichen Vorgänge geführt haben. Wie vollzieht sich diese Bewegungskategorie? Wirklichkeitsbegriffe lösen sich nicht etwa ab „wie mutierende Typen".[28] Blumenberg ist noch unsicher über das „mögliche logische Verhältnis ihrer Glieder", wie aus einer handschriftlichen Anmerkung deutlich wird.[29] Es ist z.B. in Erwägung gezogen, dass sie eben keine Reihe bilden, sondern dass sich „das Wirklichkeitsbewußtsein aufspaltet in zwei Spezies, Konsistenz und Kontrast".[30] Der Erfolg eines Wirklichkeitsverständnisses beruht darauf, dass er vom vorgängigen Denken her plausibel ist, ohne dass seine inneren Schwierigkeiten in eben dieser Logik begründet, d.h. offensichtlich sein müssen.[31] Es kommt

---

[25] Blumenberg, RR, S. 11.
[26] Vgl. Zambon, N., Nachwort zu: *Realität und Realismus*, S. 222.
[27] Vgl. Ebd., S. 222.
[28] Blumenberg, RR, S. 79.
[29] Blumenberg, RR, S. 79.
[30] Blumenberg, RR, S. 79 [Anm. 1].
[31] Dies kann schon der Fall sein und einfach davon *post festum* abgesehen werden, fügt Blumenberg hinzu, siehe hierzu bes.: Blumenberg, RR, S. 79.

dabei auf das Publikum der Adressaten an, „das den Gedankengang überhaupt durchführbar macht.“[32] Der herangetragene Gedankengang muss „sich ganz im Argumentationshorizont dieses Publikums bewegen und bewähren.“[33] Insofern ist der Begriff in der historischen Gesellschaft vorbereitet. Wirklichkeitsverständnisse werden dann erst „durch die Ausschöpfung ihrer Implikationen und durch die Überforderung ihrer Nutzungs- und Befragungstoleranzen in den Zwang der Preisgabe und Neubegründung getrieben.“[34] Diese Bewegungskategorie gilt es zu veranschaulichen und sodann auf den Nihilismus zu beziehen.

2.1.1 Antikes Wirklichkeitsverständnis

Ein kurzer Umriss soll die geistesgeschichtliche Bewegung abstrakt skizzieren, bis am Wirklichkeitsbegriff angekommen wird, auf den sich Kafkas Nihilismus beziehen lässt. Die *momentane Evidenz* ist das Kriterium der Wirklichkeit in der Antike.[35] Blumenberg verneint, dass man die platonische Philosophie oder eine andere als „*Ausdruck* des antiken Wirklichkeitsbegriffs […] nehmen und in ihnen bloß die exakteste, ausgesprochenste dieses Wirklichkeitsbegriffs der Epoche […] sehen“ kann. Dennoch liegt der Wirklichkeitsbegriff der *momentanen Evidenz* den Systemen der antiken Metaphysik zugrunde und Blumenberg hebt dabei besonders die Philosophie Platons (427 v. Chr. – 348/347 v. Chr.) hervor, an der wir einen Eindruck davon gewinnen können. In der geschichtlichen Tendenz lässt sich der Wirklichkeitsbegriff am entscheidensten nachvollziehen, d.h. „was diese Philosophie kritisiert und verwirft, wovon sie sich distanziert und was sie überwinden will“.[36] Der antike Wirklichkeitsbegriff wird somit offenbar, wenn Blumenberg ihn in seiner Verbindung zum *mythischen Denken* betrachtet. Der Mythos lässt sich nach Blumenberg eventuell nicht mit dem gegenwärtigen Wirklichkeitsbegriff verstehen bzw. ist „gar nicht ‚Wirklichkeit‘ gewesen“.[37] Nichtsdestotrotz handelt es sich dabei um ein Selbst- und Weltverständnis:

> Natürlich kann der Begriff einer mythischen „Wirklichkeit“ für uns nicht im Sinne der historischen Realität des Dargestellten annehmbar sein; mag aber dieses immerhin als „Sage“ unserem Begriffe

---

[32] Blumenberg, RR, S. 80.
[33] Ebd., S. 80.
[34] Ebd., S. 80.
[35] Blumenberg erklärt den Wirklichkeitsbegriff allerdings nicht ausschließlich mit Platon; besondere Zuwendung bekommt Aristoteles‘ (384 v. Chr. – 322 v. Chr.) Philosophie hinsichtlich dessen, inwieweit auch dieser dem Wirklichkeitsbegriff der *momentanen Evidenz* verhaftet bleibt, indem den Dingen ein intelligibler Kern zugedacht wird (οὐσία), mit dem vor allem vom Ding *abstrahiert* wird. Das Charakteristikum der Abschwächung und Ausblendung ist die für die Evidenz wesentliche Verlaufsform, die den *momentanen* Anblick als vollendet und unbedürftig erscheinen lässt, siehe hierzu bes.: Blumenberg, OD, S. 45-50.
[36] Blumenberg, RR, S. 13.
[37] Blumenberg, OD, S. 37.

von „Wahrheit" widersprechen, so ist damit noch nicht abgetan, daß sich im Mythos etwa der homerischen Epen doch ein ganz bestimmtes Selbst- und Weltverständnis bekundet, das von der Realität der Begebenheiten und Gestalten ganz unabhängig ist, ja das sich gerade in der dichterischen Funktion am reinsten aussprechen kann.[38]

Dort bewegt sich der Mensch in einer Welt, die von Mächten regiert wird, derer er nicht Herr ist.[39] Das meint ein Weltverständnis von Göttern, die in die inneren Beweggründe menschlichen Handelns einzugreifen vermögen sowie Launen des Schicksals, die seinen unsicheren Lebensweg bestimmen.[40]

Von diesen Mächten ist der Mensch unmittelbar ergriffen, benommen, „besessen"; sie sind nicht nur die „äußere", sondern auch die „innere" Wirklichkeit, insofern jede Regung, jeder Gedanke, jeder Entschluß ihr Wirken ist. Alles Innere ist Ein-fall dieser Mächte. Alles Geschehen vollstreckt die Bewegung ihrer Leidenschaften und ihres Willens. Der Charakter der Wirklichkeit ist: το κρεῖττον, das Übermächtige.[41]

Es ist diese *herausfordernde* Lage, in der sich der Mensch wiederfindet. Er muss Strategien der Bewältigung finden. So entwickelt sich das antike Wirklichkeitsverständnis als Reaktion auf die mythische Situation: „Die griechische Geistesgeschichte ist die Bewährung des menschlichen Selbststandes gegen das im Mythos waltende Seinsverständnis;"[42] um sich dagegen zu behaupten,[43] setzt der antike Mensch die mythische Welt auf Distanz, d.h. er bildet eine *Zuschauer*position des Theoretikers aus, von der aus die Welt vergegenständlicht wird.[44] Diese *optische* Beziehung des Menschen zu den Gegenständen ist im antiken Denken zentral. Während die homerische Sprache einen großen Wortschatz mit dem Bedeutungsgehalt „sehen" besitzt, hat keines der Worte die „weltvermittelnde Organfunktion" inne, in der ein „pure[s] Sehen als Vernehmen des Augenfälligen" darin „erfährt, was ‚ist'".[45] Dabei gibt es kein unbeteiligtes Sehen, vielmehr drängt sich die Welt als Angeschaute bei Homer (8. und/oder 7. Jhd. v. Chr.) dem Sehenden auf.[46]

„Sondern immer kommt es auf eine Ergriffenheit oder ein Betroffensein an, ist es eine Stimmung oder ein Drang, denen der „Blick" entspringt; der Blick hat nicht die Unbestimmtheit des Nur-sehen-wollens, er ist vielmehr suchend, vorsichtig, ängstlich, spähend, staunend, bannend oder gebannt, ruhend. Die Welt hat kein bloßes Ansehen oder Aussehen [...]; der Blick ist von ihr „besessen",

---

[38] Blumenberg, OD, S. 37.
[39] Vgl. Goldstein, J., *Hans Blumenberg. Ein philosophisches Portrait*, Berlin 2020, S. 85.
[40] Vgl. Ebd., S. 85.
[41] Blumenberg, OD, S. 38.
[42] Ebd., S. 39.
[43] Hier spricht Blumenberg noch von Selbstbehauptung *gegen* den Mythos, später deutet er ihn selbst als eine Form der *Selbstbehauptung*, siehe hierzu bes.: Blumenberg, Hans, *Arbeit am Mythos*, Frankfurt a.M. 1979.
[44] Vgl. Goldstein, J., *Hans Blumenberg*, S. 85.
[45] Blumenberg, OD, S. 38.
[46] Vgl. Goldstein, J., *Hans Blumenberg*, S. 85.

noch ehe er „etwas" gesehen hat."[47]

Das überwältigende unmittelbare Sehen des Wirklichen, so wie es im Mythos der Fall war, führt Platon zufolge zur Erblindung, wie Blumenberg in Bezug auf den *Phaidon* erkennt. Deshalb ist das Denken gezwungen, sich in die Logoi zu „flüchten", die das *Sehen* vor der „erblindenlassende[n] Offenbarkeit des Seienden an ihm selbst" bewahren.[48] Die Theorie entmächtigt den Mythos, indem das Gesehene zum *Gegen-Stand* objektiviert wird, sich auf partikulare Bestandteile der Welt richten kann, d.h. in ein Verhältnis *ontologischer Distanz* gestellt wird.[49] „[E]in Sehen aus dem Gegen-Stand zum Seienden also."[50] Um ein „„reine[s]' und vernehmende[s] Sehen" davon abheben zu können, musste die post-homerische Sprache einen weiteren Begriff ableiten und fand dies im Verbum θεωρεῖν, vom Nomen θεωρος hergeleitet.[51] Diesen Begriff des *theoretischen* Sehens deutet Blumenberg primär als „„Zuschauer sein', das hinzutretende, aufnehmende und erst darin sich bestimmen lassende Sehen, das sich der ‚Besessenheit' von der Welt entrissen hat".[52] Die Rolle der Philosophie in der Antike besteht darin, ein grundlegendes Maß an Ungewissheit im Akt des *Sehens* zu kritisieren. Das meint den Grundzug des Verdachtes, im Gegebenen nur einen *Schein* vorzufinden.

> Die Grundstruktur der Umwendung aus der trägen Verlorenheit an das nächstliegende Vorgegebene, an die Unmittelbarkeit des ersten Blickes ist immer dieselbe. Die Philosophie beginnt weniger mit dem Erstaunen über das, was ist, als mit dem Verdacht, wir könnten es in dem uns unmittelbar Gegebenen und Vertrauten nur mit etwas Scheinhaftem zu tun haben.[53]

Die griechische Philosophie findet dazu einen Umweg, sodass die uns erscheinende Wirklichkeit „nicht ein radikal anderes gegenüber dem, was wirklich ist", sei.[54] D.h. in Platons Trennung von *Schein* und *Wirklichkeit* besteht kein *absoluter* Dualismus. Für Blumenberg löst Platon „über das Bildhaft-Annähernde, über das vermittelte Sehen ‚in' und ‚an'" die sokratische Situation in die „Logosstrebigkeit des griechischen Denkens im ganzen" auf.[55]

> Denn die Stellung zum Sein, zu den ὄντα, die die λόγοι haben, ist keine andere oder entferntere als sie das wahrnehmbar Tatsächliche, die ἔργα, haben. Immer ist das philosophische Denken darauf angewiesen, das Seiende „in" und „an" seiner Abbildlichkeit, sei es den ἔργα, sei es den λόγοι, zu

---

[47] Blumenberg, OD, S. 38.
[48] Blumenberg, OD, S. 44.
[49] Vgl. Goldstein, J., *Hans Blumenberg*, S. 85.
[50] Blumenberg, OD, S. 39.
[51] Ebd., S. 38.
[52] Ebd., S. 39.
[53] Blumenberg, RR, S. 15.
[54] Ebd., S. 15.
[55] Blumenberg, OD, S. 44.

betrachten.[56]

Dies ist das Grundcharakteristikum des antiken Wirklichkeitsbegriff, nämlich über die *optische* Wahrnehmung etwas Bestimmtes zu erkennen, das den Lebensvollzug trägt und formt:[57] „Man kann nur an der Optik begreifen, wie Wirklichkeit authentisch erfaßt wird."[58] Die *Optik* ist *unmittelbar*, wohingegen das Hören auf das Hörensagen angewiesen ist, sprich die zweite Hand, also Rhetorik. Ebenso ist das Geräusch keine Wahrnehmung der Sache selbst als vielmehr dessen, was sie *macht*. Der Wirklichkeitsbegriff der *momentanen Evidenz*, „der augenblickliches Erkennen und Anerkennen von letztgültiger Wirklichkeit einschließt und gerade an dieser Implikation identifizierbar wird", beschreibt ein Verständnis der Realität, das vor allem *optisch* wahrgenommen wird und das *unüberbietbar* ist, d.h. über dem nichts gedacht werden kann.[59] Insofern erschließt sich das antike Wirklichkeitsverständnis einen gewissheitlichen Boden über die Opposition von *Idee* versus *Erscheinung*. Die Erscheinungen sind unwirklich bzw. besitzen nur einen minderen Wirklichkeitsgrad. In diesem Zweifeln, dass das unmittelbar Gegebene nicht die wahre Wirklichkeit ist, sondern nur eine vorläufige Instanz, d.h. mit dem Wort der „Erscheinung" sind Philosophie und Theorie wesentlich begründet:

> Mit großem Erfolg für die Nachwelt haben die Griechen ausgesprochen, die Philosophie, und überhaupt die Theorie, beginne mit dem Erstaunen über das, was ist und daß es ist; aber es scheint, sie beginne eher mit dem auch nur leisesten Verdacht, wir könnten es in allem uns unmittelbar Gegebenen und Vertrauten nur mit dem Vorläufigen und Unwesentlichen, mit einer ersten Kulisse, wenn nicht mit einem bloßen Schein zu tun haben. Wenn das so ist, dann ist Theorie in ihrer Ursprünglichkeit so etwas wie ein erster Akt der Aufmerksamkeit, in welchem sich der Mensch aus der Genügsamkeit am Selbstverständlichen aufrafft und den Weg zu der Frage beginnt, ob es schon das Wirkliche sei.[60]

Die *Ideen* Platons weisen jedoch die Dinge in ihrer Wirklichkeit an, die über sie umwegig zugänglich wird. Entscheidend ist der Abbildcharakter der Dinge. Dass zwischen Wirklichkeit und Schein kein absoluter Dualismus besteht, begründet sich letztlich darüber, dass der Schein – so noch beim frühen Platon – mit der *Idee* in Verbundenheit steht, indem die Erscheinung die Erinnerung an die Welt der *Ideen* bedingt, quasi Wirklichkeit umwegig, gar vermittelt; „sie verhalten sich wie Abbild und Urbild zueinander, und das heißt: noch der Schein kommt letztlich von der Sache selbst her."[61] Die platonische *Idee* ist insofern das Urbild, dass es

---

[56] Blumenberg, OD, S. 44.
[57] Vgl. Sommer, M., „Wirklichkeit", S. 370.
[58] Blumenberg, RR, S. 45.
[59] Blumenberg, Hans, „Wirklichkeitsbegriff und Möglichkeit des Romans", 1964, in: Ders., *Ästhetische und metaphorologische Schriften*, Ausw. u. Nachw. v. Anselm Haverkamp, Frankfurt a.M. 2001, S. 50.
[60] Blumenberg, RR, S. 50.
[61] Ebd., S. 15.

Abbilder bzw. Nachahmungen von sich fordert. Diese Verbindlichkeit der *Idee* begründet sich im Ideal der Wiederholung der *Idee*, „nämlich die Anerkennung dessen, daß sie ‚gut' und damit verbindlich ist."[62] Die *Idee des Guten* ist das gemeinsame Merkmal aller anderen *Ideen*; aufgrund ihr wird Nachahmung der Inbegriff des an ihnen zu Erschauenden und Abzulesenden. „Denn ‚gut' zu sein, bedeutet nichts anderes, als vorbildlich und nachahmenswert zu sein."[63] Insofern ist die Welt der Erscheinungen „die stetige Erinnerung an diejenigen Normen, denen sie verdankt, so zu sein, wie sie ist" – eben das Abbild des Urbildes.[64] Problematisch erscheint dieser Sachverhalt, sobald man das Höhlengleichnis mit heranzieht:

> Die Schatten auf der Höhlenwand rühren zwar von den Artefakten her, die hinter einer Rampe zwischen Feuer und Wand vorbeigetragen werden; diese wiederum sind Darstellungen von Dingen der Naturwelt außerhalb der Höhle. Aber man sieht den Schatten nicht mehr an, daß sie Schatten sind. Dazu bedarf es der Entfesselung und der Umwendung.[65]

Indem die Bilder faktisch Bilder sind, d.h. eben nicht die Sache selbst, die sich in ihnen präsentiert, unterliegen sie dem Vorwurf der Irrealität. Dem späteren Platon reicht der bloß erinnernde Verweis nicht mehr, vielmehr bedarf es nun der Vermittlung, die er den Philosophen zurechnet. Insofern ist es die Pflicht der Philosophie, den Menschen aus der Selbstverständlichkeit der Bilder zu entfremden, d.h. ihren Verweisungssinn aufzuzeigen. Hier rechnet Blumenberg dem Höhlengleichnis einen solipsistischen Gehalt zu, der zugleich vielsagend ist. Da die Insassen in ihrer gefesselten Lage kein Wissen und somit keine Möglichkeit der Verständigung von anderen Insassen haben, weil er sogar sich selbst nur als Schatten an der Wand, d.h. als Erscheinung begreift, ist ein sokratischer Dialog nicht möglich. Was Wirklichkeit ist, erfährt der entfesselte Gefangene „gewaltsam ins Helle geschleift, geblendet und sprachlos"[66] – „Und dies ist ein Erlebnis von der Art der optischen Erfahrung."[67] Blumenberg schließt daraus, dass Wirklichkeit bei Platon „etwas unmittelbar und an sich selbst Einleuchtendes, eine unwiderstehlich Zustimmung ernötigende Gegebenheit" ist.[68] Beim Anblick der Ideen setzt Platon voraus, dass sich der menschliche Geist augenblicklich inne wird, dass er es mit der *letztgültigen* und *unüberschreibbaren Wirklichkeit* zu tun hat. Bilder

---

[62] Blumenberg, Hans, „Wirklichkeitsbegriff und Wirkpotenzial des Mythos", 1971, in: Ders., *Ästhetische und metaphorologische Schriften*, Ausw. u. Nachw. v. Anselm Haverkamp, Frankfurt a.M. 2001, S. 364.
[63] Blumenberg, RR, S. 52.
[64] Ebd., S. 52.
[65] Ebd., S. 15.
[66] Ebd., S. 16.
[67] Ebd., S. 16.
[68] Ebd., S. 16.

und Schatten enthalten beide das Moment des Verweises:

> Man kann den Bildern nicht ansehen, daß sie Bilder sind; es sei denn, man kennt das, was durch sie
> dargestellt und abgebildet wird. Man kann den Schatten nicht ansehen, daß sie nur Schatten sind, es
> sei denn, man kennt das, was den Schatten wirft. Den Ideen und nur diesen sieht man an, daß sie das
> letzte und eigentliche Seiende sind.[69]

Auf diese Weise zeigen uns die platonischen *Ideen*, was – so Blumenberg – für die Antike
Wirklichkeit bedeutet.[70] Die Erscheinungen stehen dagegen als von minderem
Wirklichkeitsgrad. Platon führt im Höhlengleichnis durch dessen Mehrschichtigkeit einen
ontologischen Komparativ ein. Der Entfesselte durchschreitet, bevor er das Absolute schaut,
ein Zwischenreich der „Projektionseinrichtungen der Höhlen-Lichtspiele", wie Blumenberg es
modernisierend ausdrückt.[71] „Diese Dinge sind zwar μᾶλλον ὄντα, aber sie überzeugen noch
nicht an sich selbst von ihrer größeren Wirklichkeit".[72] Indem diese Dinge mehr-seiend sind,
gibt es kein sich begnügen mit dem Weniger-Seienden aufgrund seines Verweisungscharakters
auf „das ihm Grund-Gegebene, Urbildliche, auf die höhere Wirklichkeit".[73] Die
Zweckbestimmung, nämlich ihre Opposition zur Sophistik, die mit Bezug auf Parmenides' (ca.
515 v. Chr. – ca. 445 v. Chr.) eines und reines Sein den politischen Bereich vom Kriterium der
Wahrheit und Sachgemäßheit freistellen wollen, kann sich nur „im Zusammenhang mit einem
Wirklichkeitsbegriff, der eine letztverbindliche, unübersteigbare Gegebenheit in der
unmittelbaren ihrer Unüberbietbarkeit zuläßt", erfüllen.[74] Vielmehr wird die Zuwendung zum
Ideal des Guten das Ideal des menschlichen Wirklichkeitsbezuges:

> Der Wirklichkeitsbegriff der momentanen Evidenz ist eben ein solcher, der augenblickliches
> Erkennen und Anerkennen von letztgültiger Wirklichkeit einschließt und nicht nur diese
> Wirklichkeit zum Urbild aller Bildlichkeiten macht, sondern auch dieses eigentümliche
> Wirklichkeitsverhältnis zum Ideal aller Einstellungen des Menschen zu Sachverhalten.[75]

2.1.2 Mittelalterliches Wirklichkeitsverständnis

Was Blumenberg als den mittelalterlichen Wirklichkeitsbegriff bestimmt, dessen Kriterium die
dritte Instanz als vermittelnde Position zwischen Subjekt und Objekt ist, wird vom
Zusammenbruch des mittelalterlichen Wirklichkeitshorizonts her gedacht. Hier tritt die
„Gewißheitsfrage aus ihrer geschichtlichen ,*Implikation*'" heraus, d.h. hier entsteht ein

---

[69] Blumenberg, RR, S. 45.
[70] Vgl. Sommer, M., „Wirklichkeit", S. 370.
[71] Blumenberg, RR, S. 17.
[72] Ebd., S. 17.
[73] Ebd., S. 19.
[74] Ebd., S. 19.
[75] Ebd., S. 45.

Problemhorizont, aus dem sich die Frage nach *Gewissheit* – dem Boden jedes Wirklichkeitsbegriffes – ergibt, die sodann gelöst werden soll.[76] Blumenberg erkennt, dass dieser Vorgang aus der Rezeption der Antike entsteht. Am relevantesten, um den späteren Gottesbegriff, der für dieses Wirklichkeitsverständnis so primär ist, zu verstehen, erweist sich die *Synthese* von *Aristotelismus* und *christlicher Theologie*:

> Hatte Augustinus die antike Begrifflichkeit in den durch seine Bekehrung radikal neu gesetzten Horizont aufgenommen, so führt die Rezeption des 13. Jahrhunderts eher zu einem Nebeneinander des christlichen und des aristotelischen Horizontes, und dies selbst unter der systematischen Kraft eines Thomas von Aquino.[77]

Der im islamischen Kulturbereich vorgebildete Aristotelismus entwickelt ein *wissenschaftliches Ideal* für die Theologie. D.h. „[d]ie Gottesgewißheit will sich in den exemplarischen Rang des ‚Wissens‘, der logischen Verfügbarkeit und Allgemeingültigkeit bringen."[78] Das entscheidende Problem der *Szientifizierung der Theologie* zeigt das Pariser Verteilungsdekret aus dem Jahr 1277. Mit dem Verwerfen von 219 aristotelisch inspirierten Thesen durch den Pariser Bischof Tempier (– 1279) werden Blumenberg die Fliehkräfte der antik-christlichen Synthese offenbar.[79] Das eigentliche Problem aus diesem Gegenüberstellen und zunehmenden Nebeneinanderstehen des genuin Christlichen und des Aristotelischen besteht letztlich in der Frage nach der *göttlichen Machtfülle*, für das Blumenberg jenes Verteilungsdekret, obwohl es kaum bekannt war, bedeutend erscheint.[80] Tempier „hatte unter anderem gerade dies verurteilt, daß Theologie und Philosophie einfachhin *als* Wissenschaften verglichen und nach der logischen Stringenz ihrer Methoden bewertet werden könnten."[81] Bei Johannes Duns Scotus (1266 – 1308) beispielsweise ist die göttliche Allmacht eine rational nicht motivierbare und nicht gebundene *Ur*wirklichkeit. Das bedeutet, dass der Kosmos rationaler Wahrheiten im göttlichen Voluntarismus begründet sein muss. Durch die „Hereindrängung in die scholastische Denkbetriebsamkeit" verselbstständigt sich das *voluntaristische* Moment im Gottesbegriff spekulativ:[82] „Allmacht und Freiheit werden derart im *Nominalismus* zum beherrschenden Index der Gottesvorstellung."[83] Dieses Konzept des

---

[76] Blumenberg, OD, S. 70.
[77] Ebd., S. 71.
[78] Ebd., S. 73.
[79] Vgl. Goldstein, J., *Hans Blumenberg*, S. 90.
[80] Vgl. Ebd., S. 90.
[81] Blumenberg, OD, S. 77.
[82] Ebd., S. 83.
[83] Ebd., S. 83f.

allmächtigen Willkürgottes, wie er im Nominalismus des 14. Jahrhunderts vollends ausdekliniert wird, zerstört für Blumenberg jeden rationalen Gewissheitsanspruch[84]:

> Dieser Gott, in seinem schöpferischen Willen betrachtet, bietet keine „Gewähr" mehr für eine dem endlichen Erkennen sinnvolle und intelligible Weltordnung; das in ihm gründende Sein kann nicht mehr als fragloser Boden der menschlichen Gewißheit vertraut werden. [...] Die Souveränität Gottes kann quer durch alle rationalen Sicherheiten und Wertungen hindurchgehen und darin die Möglichkeiten menschlicher Gewißheit vernichten. Das nominalistische Denken substituiert daher eine amorphe und nicht adäquat erfaßbare Welt und begründet das Denken auf die Gesetze seiner eigenen „Ökonomie".[85]

Gottes Allmacht ist unbegrenzt. Er ist damit verantwortlich für Bestand und Erhalt der Welt. In diesem Kontingenzverhältnis liegt das Problem begründet: Die Garantie, durch die die Wirklichkeit erst verlässlich wird, lässt sich von Gott willkürlich zurücknehmen. Der Gewissheitsanspruch des Menschen lässt sich mit einer solchen Gotteskonzeption nicht erhalten. Das wissenschaftliche Ideal als *scientia* findet sich erschüttert angesichts der mangelnden Fraglosigkeit des Seins als Boden menschlicher Gewissheit. Aber auch die Allmacht, in den Verstand des Menschen eingreifen zu können, widerspricht dessen Anspruch.[86] Der entscheidende Begriff, der das mittelalterliche Wirklichkeitsverständnis vom antiken abhebt, besteht in der „Kontingenz". Im Weltverständnis der griechischen Antike lagen die Dinge offen vor und sind der Schau unmittelbar gegeben.[87] Es gibt diese eine zugängliche, in der Schau optisch wahrnehmbare Wirklichkeit. Der mittelalterliche Wirklichkeitsbegriff ist allerdings nicht wie der antike auf das Phänomen bezogen, als vielmehr auf die Welt bzw. ihren transzendenten Grund.[88] Erst, dass sie dem göttlichen Schöpfer als Ganzes gegenübersteht und geschaffen worden ist, schlägt durch auf das, was als Wirklichkeit ihre Inneform ausmacht.[89] Eine Frage wie Gottfried Wilhelm Leibniz' (1646 – 1716) „*cur potius aliquid quam nihil*, weshalb überhaupt etwas und nicht vielmehr nichts da sei", kann im antiken Wirklichkeitsverständnis nicht sinnvoll gestellt werden:[90] „Das Sein wird aus dem Sein-Sollen gerechtfertigt, aber das Sein-Sollen seinerseits bedarf keiner Begründung."[91] Aus dieser Konzeption des Wirklichkeitsproblems, die Blumenberg das „Schema der dritten Position" oder

---

[84] Vgl. Goldstein, J., *Hans Blumenberg*, S. 90.
[85] Blumenberg, OD, S. 84.
[86] Dieser Problemhorizont bekommt von Blumenberg später den Namen des *theologischen Absolutismus*, siehe hierzu bes.: Blumenberg, Hans, *Die Legitimität der Neuzeit*, Frankfurt a.M. 1966.
[87] Vgl. Zambon, N., Nachwort zu: *Realität und Realismus*, S. 222.
[88] Vgl. Ebd., S. 222.
[89] Vgl. Sommer, M., „Wirklichkeit", S. 374.
[90] Blumenberg, RR, S. 20.
[91] Ebd., S. 20.

auch „dritten Instanz" benennt, ergibt sich das entscheidende Charakteristikum des mittelalterlichen Wirklichkeitsverständnisses:

> Die Wirklichkeit leuchtet als solche nicht mehr in unmittelbarer Evidenz ein, sondern ihre Gegebenheit bedarf eines Bürgen, eines absoluten Zeugen, dem Subjekt und Objekt gleichermaßen offen vorliegen und der die unüberbrückbare Distanz zwischen ihnen mit der Klammer seiner Gewährleistung überspannt. Man könnte den Wirklichkeitsbegriff des Mittelalters unter diesem Gesichtspunkt der Berufung auf den absoluten Zeugen darstellen.[92]

Der mittelalterliche Kosmos ist nämlich insofern *kontingent*, indem er den Grund seiner Existenz nicht in sich trägt; Gott ist hier das notwendige, vollkommene und die Weltordnung begründende Sein.[93] Erst durch die Bürgschaft Gottes als *Garanten* einer ontologischen Ordnung und der Strukturen von Welt und Vernunft wird jene Einheit gewährt.[94]

> Gott als der verantwortliche Bürge für die Zuverlässigkeit der menschlichen Erkenntnis, dieses Schema der *dritten Instanz*, des absoluten Zeugen, ist in der ganzen Geschichte der mittelalterlichen Selbstauffassung des menschlichen Geistes seit Augustin vorbereitet.[95]

Aus dem Weltverständnis leitet sich ab, was später als ein Wirklichkeitsverständnis herauszulesen ist. Dieses *Kontingenzschema* ist das Ergebnis eines geschichtlichen Prozesses. In dieser *Erosion des spätmittelalterlichen Weltverständnisses* verschiebt sich das *Kontingenzschema* dahingehen, dass nun die Existenz des Menschen in seiner Faktizität nicht mehr auflösbar bzw. antastbar ist.[96] Das Prinzip der *Kontingenz* hat sich über diesen geschichtlichen Verlauf etabliert und wurde zur Ausgangslage für die Ausformulierung eines Wirklichkeitsverständnisses, wenn nun Wirklichkeit entgegen Welt zum vorrangigen Thema wird. An diesem Punkt bedarf es, den *Gewissheitsanspruch* zu erneuern und die Gewissheit der Erkenntnis abzusichern; dies will die *cartesische* Rationalität.[97] Dazu wird die *Wissenschaft* das entscheidende Mittel:

> Was verbleibt und weiterleitet, ist die Bekundung einer engen Affinität zwischen Philosophie und Wissenschaft, die auf eine weitere, gründigere Dimension ihres Zusammenhanges verweist. Hier stößt die Infragestellung, von der ausgegangen wurde, auf eine nicht so leicht zu behebende Problematik. Denn was Wissenschaft in ihrer modernen Erscheinungsweise ist, gegliedert und immer endgültiger geschieden in die Vielheit ihrer Einzeldisziplinen, das ist an seinem Ursprung die Erscheinungsweise der Philosophie selbst, legitim entstanden aus dem konsequenten Vollzug ihrer Selbstauslegung, notwendige Exekution des der spätmittelalterlichen Gewißheitsnot entgegengesetzten Entwurfes neu zu begründender Gewißheit durch radikal sich sicherndes Wissen,

---

[92] Blumenberg, RR, S. 20.
[93] Vgl. Zambon, N., Nachwort zu: *Realität und Realismus*, S. 223.
[94] Vgl. Ebd., S. 223.
[95] Blumenberg, „Wirklichkeitsbegriff und Möglichkeit des Romans", S. 51.
[96] Vgl. Zambon, N., Nachwort zu: *Realität und Realismus*, S. 223.
[97] Vgl. Ebd., S. 223.

eben durch Wissenschaft.[98]

Für Blumenberg ist es René Descartes (1596 – 1650), bei dem der Wissenschaftsgedanke der Neuzeit „von einer so radikal originären Prägung" ist – bei ihm forciert sich die eigentliche *Ursprünglichkeit* für die spätere geistesgeschichtliche Entwicklung.[99] Selbst bringt er den Gedanken „des absoluten Zeugen, der in der ganzen Geschichte der mittelalterlichen Selbstauffassung des menschlichen Geistes vorbereitet war" zur Ausformulierung und gehört damit „dieser Formation" an.[100] Dessen „Überwindung des Zweifelsversuches" gründet „auf eben diesem Schema der dritten Position":[101]

> Für Descartes gibt es keine momentane Evidenz des letztgültig Wirklichen […]. Die gegebene Realität wird erst verlässig durch eine Garantie, deren sich das Denken in einem umständlichen metaphysischen Verfahren versichert, weil es nur so den Verdacht eines ungeheuerlichen Weltbetruges, den es aus eigener Kraft nicht zu durchschauen vermöchte, eliminieren kann.[102]

Die Zuverlässigkeit der Wirklichkeit sieht sich angesichts einer möglichen Täuschung durch einen bösen Geist oder betrügerischen Gott in Bredouille. „Die Merkmale der Klarheit und Deutlichkeit, die Descartes der Evidenz zuspricht, sind nur unter der metaphysischen Bedingung, die aus einem Zweifelsversuch resultiert, systematisch zu placieren;"[103] Der Zweifel lässt jedoch keine unmittelbare Evidenz in der Betrachtung eines Phänomens zu; im mittelalterlichen Wirklichkeitsverständnis ist ausgeschlossen, dass sich ein Objekt in seiner unüberbietbaren Realität von selbst ausweist. Erst im Gottesbeweis als die vermittelnde *Instanz* zwischen *Subjekt* und *Objekt* meint Descartes die Lösung für das Wirklichkeitsproblem zu finden. Der Gott Descartes' ist das vollkommenste Wesen; das bedeutet, dass er einerseits existent ist, andererseits, dass er wahrhaftig ist.[104] Insofern er wahrhaftig ist, ist er auch zuverlässig; er wird dem Menschen also keine Illusion als Wirklichkeit vorgaukeln.[105] Erst im Gottesbeweis des deduzierten Gottes besteht Gewähr für die Wirklichkeit als wirklich.[106] Gültigkeit für die Erkenntnis und den Begriff unter den Kriterien der Klarheit und Deutlichkeit

---

[98] Blumenberg, OD, S. 14.
[99] Ebd., S. 15.
[100] Blumenberg, RR, S. 80 – Indem er diese Entwicklung zur Vollendung bringt, lässt sich nachvollziehen, weshalb Blumenberg Descartes zum Mittelalter zählt, obwohl der neuzeitliche Geist schon darin angelegt ist. In den geschichtlichen Prozess eingebunden ist sein Denken doch auf das mittelalterliche Publikum gezielt, siehe hierzu bes.: Blumenberg, RR, S. 80.
[101] Blumenberg, RR, S. 20.
[102] Blumenberg, „Wirklichkeitsbegriff und Möglichkeit des Romans", S. 51.
[103] Ebd., S. 51.
[104] Vgl. Sommer, M., „Wirklichkeit", S. 374.
[105] Vgl. Ebd., S. 374.
[106] Vgl. Ebd., S. 374.

ist somit nur innerhalb dieses Systems, nämlich unter metaphysischen Bedingungen, gegeben. Der Zweifel eines Weltbetruges wird mit dem Setzen eines absoluten Zeugen „wenigstens für den nicht allzu kritischen Zeugen eliminiert“.[107]

Relevant ist vor allem der Aspekt der Wissenschaftlichkeit beruhend auf dem Gegensatzverhältnis von Subjekt und Objekt: „Der ‚archimedische Punkt‘ wurde im ‚Cogito‘, in der absoluten Gewißheit des Bewußtseins gefunden.“[108] Blumenberg hält jedoch fest, dass Descartes zwar das Bewusstsein im Cogito entdeckt habe, dies allerdings nur der notwendige Grund und Ausgang war, um die Gewißheit der Naturwissenschaften zu sichern.[109] Denn eigentlich ging es ihm „um die Wirklichkeit der Welt, und zwar der Welt als Natur, die er als ‚res extensa‘ schon zum Gegenstand der Naturwissenschaft ‚präformiert‘ hatte.“[110] Für Descartes gilt es, von den Garanten der notwendigen Wahrheitsmöglichkeiten, die Gott und das Bewusstsein darstellen, zur Erkenntnis der Natur fortzuschreiten.[111] Mit der Konzeption als res extensa wurde die Natur quantifizierbar, womit festgelegt wird, wie die strenge Wissenschaft an ihr vorzugehen habe.[112] Exemplarisch für diese Art der Wissenschaft wurde die Mathematik; ihr Vorgehen bestimmt, was als Ergebnis auftreten kann und schließt alles, was ihrer Auslegungsart ungemäß ist, aus dem Bereich des Realen aus.[113] Dass die Mathematik exemplarisch für die Strenge ist, besagt viel über die vorausgehende „Sicht der Wirklichkeit, die eben in mathematischer Erfassung die ihr adäquate Weise ihrer genauen Erfahrbarkeit hat.“[114] Dafür muss die Substanz des Seienden zur szientifischen Ergebnisbildung im strengen Sinne als Extensität ausgelegt werden. Auf diese Weise wird die Welt zum Gegenstand der Naturwissenschaft geformt, d.h. beherrschbar. Wirklichkeit wird aus den Modi des Heraus-Sehen und Über-Sehen konstituiert, also selektiv und abstrahierend. Diese „Grundstruktur des ‚Gegen‘“, bei dem etwas zum Gegenstand objektiviert wird – zum Objekt wird – und dem Subjekt im modernen Begriffspaar gesprochen entgegensteht, bestimmt die Bildung des Wirklichkeitsbewusstseins bei Descartes:

> Aus der Unverbindlichkeit der unmittelbaren Perzeption *gewinnt* er sich durch das Zurückgehen auf das „Cogito“ über die Instanz des „Deus verax“ allererst den gesicherten Boden der Realität. Er *stellt* sie sich behilfs einer diskursiven Operation gegenüber. Diese logisch erzwungene, statuierte Realität

---

[107] Blumenberg, RR, S. 80.
[108] Blumenberg, OD, S. 16.
[109] Vgl. Flasch, K., *Hans Blumenberg*, S. 176.
[110] Blumenberg, OD, S. 16.
[111] Vgl. Flasch, K., *Hans Blumenberg*, S. 176.
[112] Vgl. Ebd., S. 176.
[113] Vgl. Ebd., S. 176.
[114] Blumenberg, OD, S. 17.

,ist' für den Menschen im Modus der „*Distanz*".[115]

Das Bewusstsein ist die *res cogitans*, die Wirklichkeit die *res extensa*. Beide sind je *Substanz*, also Selbstand. Deshalb kann Erkenntnis angesichts dieser Prämissen „nur unter der Vorstellung des *Gegen-Standes* begriffen werden, aus dem heraus faktische Akte des Erfassens statthaben können."[116] Der Erkenntnistheorie gewinnt aus diesem Grundverständnis ihren philosophischen Vorrang. Das Subjekt fungiert hier nur als Hilfsgröße; letztendlich geht es Descartes um die Natur als *res extensa*. Die Eliminierung dieser verdächtigen Instanz in der Erkenntnisrelation entwickelt sich zu einer Tendenz in der Verwirklichung dieses Entwurfes als Wissenschaft. Im Ergebnis darf diese Hilfsgröße nicht auftreten: „Dem wissenschaftlichen Ergebnis ist das Neutrum wesentlich, es ist heraussetzbar, hinstellbar als ein ganz und gar Objektives."[117] *Exaktheit* ist das Ziel dieser *Objektivierungen*. „Im Dienste dieses Ideals [der Exaktheit; Anm. AR] ist das ,Experiment' zum genauen Inbegriff szientifischen Geistes geworden;"[118] Hierin fungiert das Subjekt auxiliar, indem es den gegenständlichen Sachverhalt nur in die gegenständliche Feststellung, das *Ergebnis*, überführen soll. Damit macht Descartes die Wirklichkeit verlässlich; durch die kritische Reflexion der wissenschaftlichen Tätigkeit wird Gewissheit erleisteter Besitz. Die beherrschende Wissenschaft, die funktional die „Aufhebung der Sorge des Menschen um seine Gewißheit in wissende Souveränität" darstellt, ist wiederum ein Charakteristikum der Neuzeit.[119] Hier hat das neuzeitliche Wirklichkeitsverständnis seinen Ursprung als „einzigartige Ausdrücklichkeit des Gewißheitsproblems"; von dort aus wird das wissenschaftliche Denken „nun zum Agens der Geistesgeschichte" und die Idee der Wissenschaft wird hochgetrieben zur unersättlichen Universalität.[120] Zwar sieht Blumenberg das mittelalterliche Wirklichkeitsverständnis in Descartes am deutlichsten, doch mit der originären Leistung dieser Philosophie für die Neuzeit in der Entdeckung der Bewusstseinssphäre und Prägung der Wissenschaftlichkeit referiert er hierüber immer wieder als neuzeitliches Verständnis; es ist darin angelegt, aber nicht in seiner immanenten Form enthalten.

2.1.3 Neuzeitliches Wirklichkeitsverständnis

---

[115] Blumenberg, OD, S. 17.
[116] Ebd., S. 18.
[117] Ebd., S. 18.
[118] Ebd., S. 18.
[119] Ebd., S. 16.
[120] Ebd., S. 16.

Die Gewissheitsnot des ausgehenden Mittelalters wird von Blumenberg als der Ursprung der Neuzeit betrachtet. Der mittelalterliche Wirklichkeitsbegriff war aufgrund seiner Schwierigkeit nicht mehr genügend – er war zur Ausschöpfung seiner Implikation gelangt. Das Problem ist das mit Zeugen allgemein. Blumenberg gleicht zur Feststellung die Kriterien der Glaubwürdigkeit von Zeugen, wie Hermann Samuel Reimarus (1694 – 1768) in seiner *Vernunftlehre* von 1756 formuliert, mit dem absoluten Zeugen ab:

> *Glaubwürdig heißt ein Zeugnis, wenn es wegen seiner Wahrheit werth ist, in die Stelle unserer eigenen Erfahrung gesetzt zu werden.* Vor allem aber: *Wer von der Aufrichtigkeit eines Zeugen urtheilen will, der muß selbst wissen, durch welche Bewegungsgründe das menschliche Herz zur Wahrheitsliebe, und im Gegentheile zur wissenlichen Verhehlung und Verletzung der Wahrheit gereizt werde; und besonders des Zeugen Gemüthsart, Lebensumstände, Urtheile, Handlungen und Schreibart untersuchen.* Es ist klar, wie wenig diese Kriterien auf den absoluten Zeugen und dessen Zuverlässigkeit anwendbar sind.[121]

Die Zuverlässigkeit Gottes als Zeugen ist anhand dieser Kriterien zu bezweifeln. Dieser Aspekt wird sich „als historische Kritik etablieren".[122] Gott kann somit die Rolle nicht adäquat füllen, für die er eigentlich benötigt wurde. Wenn die Implikationen ausgeschöpft werden und das Wirklichkeitsverständnis nicht mehr dem eigentlichen Anspruch genügt, ist die Entstehung eines neuen Wirklichkeitsverständnisses auf den Weg gebracht.

> Wenn es richtig ist, daß Descartes noch ganz dem Mittelalter angehört, da seine Überwindung des Zweifels an der möglichen Gewißheit der Realität auf der Setzung einer dritten Position, der absoluten Garanten beruht, der dafür einsteht, daß sein Werk auch das ist, als was es erscheint, dann ist es nicht zufällig, daß die Kritik an dieser Position den Wirklichkeitsbegriff der Neuzeit zuerst faßbar macht. Das ist bei Leibniz der Fall.[123]

Das entscheidende Stichwort besteht in der „Kohärenz"; diesen Aspekt findet Blumenberg bereits bei Reimarus: „Aber wichtiger ist die andere Feststellung über die Konsistenz der Elemente, die zu einem Sachverhalt gehören: Glaubwürdig ist *eine Sache, die mehrmals geschehen, und in ihren Umständen zusammen hängt...*"[124] Was Blumenberg vielleicht noch wichtiger für das Ende des mittelalterlichen Wirklichkeitsbegriffes als die Zuverlässigkeit des Zeugen erscheint, ist „die Erfahrung mit der privaten religiösen Erfahrung."[125] Dieser Aspekt fand sich lediglich in der Mystik fortgeführt – der kohärente Rest des antiken Wirklichkeitsbegriffes *momentaner Evidenz* – und unterlag dem „Abbau der Erscheinungen,

---

[121] Blumenberg, RR, S. 81.
[122] Ebd., S. 81.
[123] Ebd., S. 86.
[124] Ebd., S. 81.
[125] Ebd., S. 81.

Visionen, Offenbarungen und Wunder" im geschichtlichen Progress.[126] Der Wirklichkeitsbegriff der Neuzeit beruht nicht auch auf eben jener Wunderkritik durch die Aufklärung, die die „Vereinbarkeit von Wundern mit dem Gottesbegriff und der Idee der Naturgesetzlichkeit" thematisiert.[127] Die postmittelalterliche Mystik kam nicht mehr um die Erfahrung des *cartesischen Zweifels* herum: „[D]ie überlieferte Unmittelbarkeit der mystischen Gotteserfahrung belastet sich ihm mit der unausrottbaren Reflexion auf die mögliche Ununterscheidbarkeit zwischen Gott und dem trügerischen Dämon."[128] Gegen Descartes' Verdacht der universalen Täuschung durch einen bösen Dämon nennt Blumenberg Leibniz, der schon den Umweg über Gott in dritter Position überflüssig gemacht habe.[129] Für Leibniz erscheint der radikale Zweifel, von dem Descartes sein Denken herleitet, wie ein generelles Vorurteil. Während Descartes fordert, an jedem Satz so lange zu zweifeln, bis der Beweis seiner Wahrheit durch die Kriterien der Klarheit und Deutlichkeit unwiderlegbar bewiesen sei, formuliert Leibniz es divergent: „Man sollte verpflichtet sein, zu jedem theoretischen Satz die Begründung beizubringen."[130] Descartes' radikaler Zweifel behauptet nichts; das Vorurteilige an ihm besteht darin, dass er eine heimliche Voraussetzung hat, nämlich die der *Gewissheit*. Der Zweifler zweifelt zwar an allem und jedem, aber er kann nicht am Grunde selbst zweifeln, nämlich „wie er Wirklichkeit schon begriffen hat."[131] Darin, dass er bereits „weiß, wie sich jenseits des Zweifels die Stichhaltigkeit des Wirklichen bezeugen und unter seinen strengsten Ansprüchen behaupten wird", d.h. in seinem wissenschaftlichen Wirklichkeitsverständnis, ist er *abgesichert*.[132] „Der Wirklichkeitsbegriff ist das generelle Vorurteil selbst, das sich im Anspruch des Zweifels verbirgt."[133] Dieser Wirklichkeitsbegriff ist in Leibniz Verständnis überfordert angesichts des Problems metaphysischer Unsicherheit:

> Was uns erscheint, soll auch sein, was es zu sein vorgibt, und soll dazu durch die Eigenschaft des vollkommensten Wesens, wahrhaftig nicht nur an sich selbst, sondern auch an seinen Geschöpfen zu sein, gezwungen werden. Dem *deus fallax* des Zweifelsversuchs wird am Ende der *deus verax* obliegend entgegengestellt.[134]

---

[126] Blumenberg, RR, S. 82.
[127] Blumenberg, „Wirklichkeitsbegriff und Wirkpotenzial des Mythos", S. 368.
[128] Ebd., S. 368f. – Als Beispiel führt Blumenberg sowohl in „Wirklichkeitsbegriff und Möglichkeit des Romans" S. 369 wie auch *Realität und Realismus* S. 83 Teresa von Avila auf; von dort aus vollzieht er den Übergang zu Leibniz' Kritik an Descartes.
[129] Vgl. Sommer, M., „Wirklichkeit", S. 374.
[130] Blumenberg, RR, S. 86f.
[131] Ebd., S. 87.
[132] Ebd., S. 87.
[133] Ebd., S. 87.
[134] Ebd., S. 87.

Die Ausweglosigkeit des Problems stellt Leibniz nach Blumenberg im Wirklichkeitsbegriff fest; dessen absoluter Anspruch kippt um in einen totalen Verlust, denn der Unsicherheitsfaktor vom trügerischen Gott lässt sich nicht beseitigen. „Mit diesem Einwand müßte der Mensch leben, wenn er auf den Anspruch, gegen den er sich richtet, nicht verzichten könnte."[135]

Da der radikale Zweifel unwiderlegbar ist, sieht sich Leibniz genötigt, sich damit zu *arrangieren*. Deshalb fragt er weiter, „was es denn überhaupt zu bedeuten habe, in einer Zweifelserwägung dieser Art von einem möglichen Betruge zu sprechen."[136] Die Voraussetzung dafür muss sein, dass etwas angeboten worden ist, aber die Behauptungsimplikation der Wirklichkeit entspringt dem Subjekt und ist nicht in der Erscheinung selbst manifestiert. Eine Übereinstimmung unserer menschlichen Vorstellungen von einer *bewusstseinsneutralen* Natur mit dem, was wir „Welt" nennen, ist somit nicht gegeben. Wir haben es lediglich mit einer undurchschauten Willkür der Interpretation dieser Vorstellung zu tun und nicht mit Betrug. Das *Bewusstsein*, das Descartes bereits entdeckte, dort aber nicht zu entscheidender Explikation geraten ist, wird bei Leibniz zum Ansatzpunkt der Ausschöpfung der Implikationen des mittelalterlichen Wirklichkeitsbegriffes. In der Deklination dieses Begriffes wird er zunehmend primär. Die Idee der Phänomenologie blitzt hier zum ersten Mal auf; dem *Bewusstsein* von Wirklichkeit ist es völlig *gleichgültig*, ob unseren Vorstellungen wirklich etwas entspricht, d.h. ob es auch so beschaffen ist, wie der Mensch es zu kennen beansprucht, nämlich aus diesem wahrgenommen. D.h. Leibniz löst das Problem, indem vor der *Unmöglichkeit der Evidenz* kapituliert wird, denn für Leibniz ist die *Konsistenz* der Erscheinungen, selbst wenn sie nur ein Traum wären, genügend. Erst in der Übereinstimmung der Gegebenheiten untereinander besteht eine Voraussetzung, von der man dem Bewusstsein zugängliches Existieren der weltlichen Gegenstände annehmen kann, ohne dass diese vom Bewusstsein abhängig seien.

> Nicht die Übereinstimmung unseres Bewußtseins mit Gegebenheiten außerhalb seiner begründet, daß wir sie für wirklich halten, sondern ihre ‚Einstimmigkeit' untereinander, gleichsam ihr horizontaler Kontext. Die Konstitution eines lückenlosen, nicht von Sprüngen durchsetzten, nicht in Enttäuschungen zerbrechenden Zusammenhangs gewährt jene kategorische Gewißheit, die uns behaupten läßt, das von uns Vorgestellte sei autonome Realität.[137]

Erst der Durchbruch dieser *Konsistenz* stellt für Leibniz eine Krise des Wirklichkeitsbewusstseins dar. In Bezug auf den Bosheitsaspekt bei Descartes formuliert

---

[135] Blumenberg, RR, S. 87.
[136] Ebd., S. 87f.
[137] Ebd., S. 88.

Blumenberg diese Kritik Leibniz' wie folgt:

> [D]as cartesische Gedankenexperiment vom trügerischen Geist könne durch das Argument der Bosheit überhaupt nicht entschieden werden, da auch eine Illusion dem Subjekt Erfüllung bieten könne, sofern sie nur nicht in Enttäuschung durch die Realität selbst umschlägt. Der Grundgedanke der antiken Konzeption von der momentanen Evidenz ist insofern preisgegeben, als die Eudämonie vom Inhalt der Theorie, von ihrem Wirklichkeitsgehalt ganz unabhängig gemacht worden ist.[138]

Leibniz spielt hierbei auf das platonische Höhlengleichnis an. Den Schein aufzuheben und damit die Sache selbst schauen zu können, ist der Kerngedanke der griechischen Philosophie, der bis hierhin mitgewirkt hat. Ein Begnügen in den Erscheinungen war nicht ermöglicht angesichts der Wirklichkeit dahinter, sprich der ethisch verbindlichen Idee des Guten. Nun interessiert dieser Wirklichkeitsgehalt nicht mehr. In der inneren Struktur des Höhlengleichnisses sind die Kriterien des Betruges nicht erfüllt, da es an Behauptung und Angebot fehlt, durch deren Enttäuschung oder Versagung die Insassen erst zu Schaden kommen könnten. Dieser Schaden entstehe erst, da „die Zuschauer einer vermeintlichen Wirklichkeit aus ihrer Illusion herausgerissen würden."[139] Schließlich kann der universal Betrogene nicht daran interessiert sein, mit der Realität aus seinem Traum gerissen zu werden: „Da wäre es uns eher unwillkommen, nicht weiter getäuscht zu werden".[140] Leibniz versucht, die moralischen Kategorien vom Problem des Wirklichkeitsbezuges fernzuhalten, wie sie in der Philosophie bisher als ideal betrachtet wurden:

> Nirgendwo hat hier das Bedürfnis eines Betrogenen, eines in Illusionen Eingeweihten Platz, nach Aufklärung, höherer Wahrheit, Befreiung vom Vorläufigen zu verlangen. Für die nackte Zugänglichkeit einer „Wirklichkeit an sich" gibt es nicht nur keinen zureichenden Grund, sondern nicht einmal die Möglichkeit, sich diesen höheren Grad der Gegebenheit formal zu definieren. Für Leibniz ist verständlich geworden, daß der Gefangene der platonischen Höhle nicht ohne Gewaltsamkeit in die höhere Welt des reinen Lichtes geführt werden kann – und diese Gewaltsamkeit wird ins Unrecht gesetzt.[141]

Für Blumenberg ist die Kritik Leibniz' keine Form des demütigen Gehorsams; es ist ein phänomenologischer Einwand, in dem der eigene Gewissheitsanspruch zurückgestellt wird angesichts dessen, was sich dem Menschen weltlich bietet.

> Die Dinge nicht so zu sehen, nicht so sehen zu können, wie sie von einem absoluten Standpunkt aus sich darbieten können, hat für Leibniz keinen Schrecken bei sich. Und nicht nur für Leibniz, sondern auch für sein Zeitalter, eine Epoche, die in ihrer ersten großen Selbstgestaltung, im Barock, die Welt als Traum, die Welt als Theater sehen konnte.[142]

---

[138] Blumenberg, RR, S. 83.
[139] Ebd., S. 89.
[140] Ebd., S. 89.
[141] Ebd., S. 26.
[142] Ebd., S. 26.

Ohne die eigentliche Realität ist ihm die Zuweisung als Traum, als Täuschung gar nicht bewusst; erst die teilweise Betrogenen sind sich der Brüchigkeit ihrer Illusionen bewusst und damit genötigt, sich damit zu arrangieren – der universal Betrogene ist dies nicht, denn für ihn ist der Traum eine *konsistente Realität*.[143] Leibniz erkennt, dass jene Täuschung, insofern sie sich durchgehend *kohärent* und *konsistent* darstellt, eben Wirklichkeit wäre.[144] Für Leibniz ist die materielle Wirklichkeit ein *Schatten*, d.h. auch wenn sie nur wahrnehmbares *Phänomen* ist, ist sie darin keine Täuschung. Die *materia imaginum*, d.h. der Stoff der Bilder bzw. bildliche Stofflichkeit sind keine platonischen Abbilder, die auf eine letzte Wirklichkeit von Urbildern verweisen – diese Selbstverständlichkeit eines Superlativs war Leibniz suspekt; sie sind vielmehr autonom authentische Bilder, „hinter die man nicht mehr zurückgehen kann, die nicht in Abbildungsrelationen stehen, jenseits derer nur die absolute Bildlosigkeit sein könnte."[145] Es ist die *Konsistenz* der untereinander verträglichen Erscheinungen, die ihnen Wirklichkeit zusprechen lässt. Insofern definiert sich der neuzeitliche Wirklichkeitsbegriff als *offene Konsistenz*, „die niemals momentan, sondern immer nur in der Zeit und darin niemals endgültig sich erfüllen kann."[146] Der Zeitbezug grenzt den neuzeitlichen Wirklichkeitsbegriff vom Wirklichkeitsbegriff der *momentanen Evidenz* und der *garantierten Realität* ab; als *Evidenz* weist sich die Wirklichkeit im Augenblick und seiner Gegebenheit aus, *garantierte Realität* durch einen vergangenen Grund, d.h. durch die im Rückbezug auf die Einheit der Erschaffung der Welt und der Vernunft verbürgte Vermittlung als *veritas ontologica*. Der Wirklichkeitsbegriff der Neuzeit hingegen wird von Blumenberg auch als *Realisierung eines in sich einstimmigen Kontextes* definiert und weist darin seinen Unterschied über den Zeitbezug auf:

> [D]ieser dritte Wirklichkeitsbegriff nimmt *Realität als Resultat einer Realisierung*, als sukzessiv sich konstituierende Verläßlichkeit, als niemals endgültig und absolut zugestandene Konsistenz, die immer noch auf jede Zukunft angewiesen ist, in der Elemente auftreten können, die die bisherige Konsistenz zersprengen und das bis dahin als wirklich Anerkannte in die Irrealität verweisen

---

[143] Blumenberg belegt diesen revolutionären Gedanken weiter, indem er auf eine bloße Anekdote anspielt, die aus der Antike stammt und verschieden interpretiert wurde. Demnach lebte ein Mann namens Lykas mit psychischer Krankheit in einem Traum gefangen, sodass er annahm, sich ständig im Theater aufzuhalten, wo er die schönsten Schauspiele der Welt anschauen konnte. Als die Ärzte ihn von seiner Krankheit befreit hatten, wollte er sie für diese Schandtat belangen und bat darum, wieder in jeden illusionären Zustand zurückversetzt zu werden. Während Aristoteles und Horaz diese Geschichte für Blumenberg dem Wirklichkeitsbegriff der *momentanen Evidenz* entsprechend analysieren, weicht lediglich Montaigne davon ab, indem er Lykas in seinem Wahn sein lässt. Blumenberg sieht da eine Parallele zum Verständnis Leibniz', siehe hierzu bes.: Blumenberg, RR, S. 89-91.
[144] Vgl. Sommer, M., „Wirklichkeit", S. 374f.
[145] Blumenberg, RR, S. 93.
[146] Ebd., S. 93.

könnten.[147]

D.h. Verlässlichkeit konstituiert sich sukzessiv und ist damit auf jede Zukunft angewiesen, in der Daten und Fakten die *offene Konsistenz* des Wirklichkeitsbewusstsein sprengen, sprich das wirklich Anerkannte in die Realität verweisen können. Das ermöglichte entscheidend, das Unerwartete zu erwarten; das *Neue* bekommt dadurch eine neue Bedeutung, indem der Gewissheit ständig eine latente Möglichkeit nach Ungewissem zukommt, die den offenen Kontext sprengen bzw. erweitern wird. Die ästhetische Qualität der *novitas*, des überraschend-unvertrauten Elements ist im neuzeitlichen Wirklichkeitsbegriffes des *offenen Kontextes* enthalten und legitimiert, während das Unvertraute und Neuheitliche im antiken und mittelalterlichen Wirklichkeitsbegriff nie wirklich werden durfte. Leibniz beweist sich hinsichtlich des darin enthaltenen Wirklichkeitsbegriffes als besonders zuträglich für die Entwicklung der Ästhetik des 18. Jahrhunderts: „Das ästhetische Vergnügen am Erlogenen wird legitim, insofern sich dies als neuheitliches, also noch mögliches, nur jenseits des Horizontes bisheriger Erfahrung Wirkliches deuten ließ."[148] Die Zeitform ist für das Bewusstsein essenziell; jedes einzelne Bewusstsein ist seinem Wesen nach *immanentes Zeitbewusstsein*.[149] Die Lebenszeit des Subjekts kann eine *immanente Konsistenz* darstellen, allerdings setzt der „alle einzelnen Subjekte übergreifende und umgreifende Horizont der Zeit" das einzelne Subjekt, dessen Lebenszeit ausgelaufen sein kann, ins Unrecht oder gewährt ihm lediglich temporäre Zulässigkeit einer *perspektivischen* Position.[150] Diese niedrigere Form des Wirklichkeitsbewusstseins der einzelnen Subjekte als in sich *immanenter Kontext* lässt sich vom *Perspektivismus* her verstehen. Diese abgeschlossene Lebenszeit, die ungebrochen, sprich *immanent* gewesen sein kann, ist demnach nur die Realität des Subjekts gewesen, in der Illusionen und Selbsttäuschungen von außen betrachtet eben dies sind. Das Subjekt ist insofern *einsam* bzw. *monadisch*; im antiken Wirklichkeitsverständnis war das genügend, „denn diese Wirklichkeit [der *momentanen Evidenz*; Anm. AR] bedarf nur des *einen* Auges, der *einen* Erfahrung, um sich in ihrer ganzen Evidenz darzubieten".[151] Diese einzelne Erfahrung ist stellvertretend für die Wirklichkeit und ließ sich sodann mithilfe der Sprache in lehrender Funktion weitergeben.[152] Die einzelnen erfahren darin nicht weniger Wirklichkeit als ein

---

[147] Blumenberg, „Wirklichkeitsbegriff und Möglichkeit des Romans", S. 52.
[148] Blumenberg, RR, S. 94.
[149] Vgl. Sommer, M., „Wirklichkeit", S. 370.
[150] Blumenberg, RR, S. 93.
[151] Ebd., S. 29.
[152] In ihrer sekundären Übermittlung entgegen einer primären Verständigung haben sowohl die sophistische und

Verband von einzelnen. Nun ist die Vielheit der Individuen einer Spezies in der traditionellen Metaphysik seit der Antike nicht das gleiche wie die *Pluralität der Monaden*, von der Leibniz spricht. Die *Pluralität der Monaden* entspringt nicht einem einheitlichen Ursprungskern, der in der *momentanen Evidenz* zurückführend erfahrbar wäre. Der Problemhorizont entspringt folgendem:

Die Einzigkeit jeder Monade ist nicht nur ein definitorischer Merkmalskomplex, sondern sie ist zugleich ein Inbegriff von Bedingtheiten ihrer möglichen Erfahrung. Die Welt ist jeder Monade in einer perspektivischen Einzigkeit ihres Aspekts eingegeben.[153]

Es ist bei Leibniz nicht mehr möglich, das Ideal der *Objektivität* durch Aspektausschaltung zu erfüllen, wie noch bei Descartes, Bacon oder Newton. Vielmehr, und das ist entgegen seiner Descartes-Kritik im Rekurs auf Gott metaphysisch garantiert, müssen alle Aspektmöglichkeiten in der *Pluralität der Monaden* ausgeschöpft werden; d.h. das Bewusstsein aller Individuen addiert sich zu einem *zusammengenommenen Bewusstsein*. Für den neuzeitlichen Wirklichkeitsbegriff ist es primär, eine *Verständigungsgemeinschaft der Subjekte* zu haben, jedoch ist „die Vorstellung einer bloßen Addition der für sich vollzogenen Erfahrung nicht ausreichend."[154] Für Blumenberg muss dazu Leibniz' Ansatz, dass die Einsti*mmigkeit der Erfahrungen* die Wirklichkeit konstituiert, mit der Idee perspektivischer Einzigkeit der Monade in Verbindung gebracht werden. Durch den funktionalen Komplex der Monade kann die Bedingung der *Einstimmigkeit* erst erfüllt werden. Doch Blumenberg bemängelt, dass dieses Problem der Intersubjektivität im Zusammenhang mit dem Wirklichkeitsbegriff bei Leibniz vorschnell durch die Hilfsvorstellung der prästabilierten Harmonie behoben wurde. Husserl hat dieses Problem durchschaut und beschrieben. Die Entwicklung der Phänomenologie treibt diesen Wirklichkeitsbegriff zu expliziter Darstellung.[155]

Husserls philosophisches Vorhaben lässt sich nachvollziehen, wenn man dessen Bild seines Vorläufers betrachtet: Descartes. Mit dem Gottesbeweis, der Gott als Garanten weiterer verlässlicher Wissensbestände voraussetzt, hatte Descartes für Husserl das Reich absoluter Gewissheit eröffnet.[156] Der *Deus verax* ist der Überschritt zu seinem eigentlichen Anliegen, der Naturgegenständlichkeit der *res extensa*. Indem er sich jedoch nicht auf die Sphäre des

---

die platonisch-metaphysische Vorraussetzung eine Gemeinsamkeit, siehe hierzu bes.: Blumenberg, RR, S. 29.

[153] Blumenberg, RR, S. 30.

[154] Ebd., S. 31.

[155] Vgl. Sommer, M., „Wirklichkeit", S. 375.

[156] Vgl. Goldstein, J., *Hans Blumenberg*, S. 92f.

Bewusstseins beschränkte, wurde es gleich wieder verspielt.[157] Eine Garantie der Wirklichkeit durch Gott ist in der Neuzeit irrelevant. Gott hat im neuzeitlichen Verständnis gar nicht die Möglichkeit, sich in beispielsweise Wundern unmittelbar zu zeigen, da dies die *Konsistenz* durchbrechen würde, insofern dieses Wirklichkeitsbewusstsein auf die kategoriale Verknüpfung von Erscheinungen angewiesen ist. Das mittelalterliche Schema der *dritten Position* sieht Blumenberg formal im Wirklichkeitsverständnis der Neuzeit behalten, allerdings in einem Äquivalent; dieser „verborgene Rest des Schemas" liegt im Begriff der „Objektivität":

> [D]er absolute Zeuge ist nicht mehr Gott, sondern die Einheit der erkennenden, forschenden, experimentierenden Subjekte, die Implikation des Appells an jedes andere erkennende Subjekt in jeder wissenschaftlichen Aussage. Die cartesische Methode hat ja darin ihre Bedeutung für die Struktur des neuzeitlichen Erkenntnisprozesses, daß sie diesen Appell möglich macht, indem sie die Einheit der erkenntnisvollziehenden Subjekte zu *einer* Instanz gegenseitiger Bezeugung und unablässiger kommunikativer Verifikation konstituiert.[158]

Insofern stellt die Wissenschaftlichkeit der Neuzeit ein formales Äquivalent dar. Bei Descartes hatte Gott noch eine unabdingliche Relevanz für die Gewissheit einer Wirklichkeit, indem sie durch ihn *garantiert* war. Das Gewissheitsproblem ist nicht mehr von Gott abhängig:

> Die den *Überschritt* zur Naturgegenständlichkeit für Descartes noch gewährleistende Instanz eines bewiesenen – aber doch auch darin noch von der Wirklichkeitsdignität des mittelalterlichen Glaubensbewußtseins „zährenden" – „Deus verax" ist in der Folgezeit ihrer Ansprechbarkeit für das Gewißheitsproblem verlustig gegangen, und dies nicht zuletzt aus den autochthonen Antrieben der cartesischen Konzeption heraus. Die Entwicklung der Naturwissenschaft hatte „den Gott des Descartes wie eine zur Erleichterung der Rechnung eingeführte Hilfsgröße, die aus den Schlußgleichungen herausfällt" erscheinen lassen und faktisch erwiesen, daß „die Rechnung auch ohne die Hilfsgröße aufgehe".[159]

Die Phänomenologie Husserls schließt dann an diese geschichtliche Entwicklung von Descartes zu Leibniz an, indem sie die Lücke füllt, was für die Gewissheitsbildung genügend ist:

> Die „Notwendigkeit" des „Deus verax" wurde in der Selbstbestätigung des Erkenntnisfortschrittes bis zur vollen Entbehrlichkeit erweicht; für ein Denken, dessen Grundentwurf von Gewißheit doch Notwendigkeit als Ausweis der Wirklichkeit implizierte, mußte dies von besonderer Nachhaltigkeit sein. Aber der stürmische Fortschritt der wissenschaftlichen Erkenntnis *verstellte* nur das aus dem cartesianischen Ansatz mitgeführte Problem, ohne es doch *aufzuheben*. [...] Die Konsequenz dieser Bedingungen der Möglichkeit des Durchhaltens des cartesianischen Entwurfes ist in der Phänomenologie vollends ausgetragen. Sie liegt in der Herausstellung des *Bewußtseins* als der einzig möglichen Sphäre unbedingter Gewißheitsbildung. Hierin bekundet sich der geschichtliche Ort der Phänomenologie am Ausgang der Neuzeit, der ihre innersten Tendenzen zu reiner Artikulation

---

[157] Vgl. Goldstein, J., *Hans Blumenberg*, S. 93.

[158] Blumenberg, RR, S. 21.

[159] Blumenberg, OD, S. 22 – Es gibt viele verschiedene Ansätze zu erklären, wieso Gott heutzutage keine Nützlichkeit hat, Blumenberg macht das allerdings geschickt, indem er vor dem „Wozu" bereits den Säkularisierungsprozess als geschichtliches Geschehnis erklärt, also das „Warum" als vorgängige Frage, indem eine Funktion der Gotteskonzeption in ihrer geschichtlichen Prägnanz bereits entkräftet ist. Bei diesen Fragen nach dem Grund wundert es nicht, dass der Katholik Blumenberg im Laufe seines Lebens vom Glauben abfallen wird.

bringt.[160]

Blumenberg sieht die Phänomenologie also als Korrektur des cartesianschen Modells an, die die Entdeckung des Bewusstseins bei Descartes, die dort nur auxiliar begriffen wurde, in den Vordergrund stellt. Für Husserl erkannte Descartes das *ego cogito* zwar als einen apodiktischen Satz und als absolut fundierende Prämisse, sei dann aber über die *substantia cogitans* nach dem Kausalprinzip zu Schlüssen der Naturforschung übergegangen und übersah das Freilegen einer neuen Sphäre neuartiger, transzendentaler Erfahrung.[161] Es ist Descartes Versäumnis in Husserls Augen, den eigentlichen Sinn seiner Entdeckung, nämlich der transzendentalen Subjektivität, nicht erkannt zu haben.[162] Husserl selbst hat seinen philosophischen Werdegang als Mathematiker begonnen, in dessen Ursprünglichkeit sich seine Philosophie bestimmt: „So steht am Anfang aller seiner Bemühungen das Ideal der mathematischen Evidenz als Norm für die erfüllte Intentionalität des Bewußtseins überhaupt, die er mit einem glücklichen Ausdruck als Selbstgegebenheit bezeichnet."[163] Wie auch im antiken Wirklichkeitsbegriff wird das auftretende Phänomen betrachtet, hier als das Wesen in seiner leibhaften Selbstheit. Deshalb geht es auch hier wieder um *Evidenz* als das ursprüngliche Auftreten des Phänomens als es selbst, wie Husserl sie definiert. In Husserls Philosophie wird die unableitbare *Evidenz* im Bewusstseinsleben angetroffen; das meint allerdings keine Notwendigkeit „der kausalen Zusammenordnung der raum-zeilichen Tatsachen, sondern im Wesen der Sachen gründende Notwendigkeit."[164] D.h. dass allem Gegenständlichen ein reines Eidos innewohnt. Dieser eidetische Gehalt kann von den Gegebenheitswesen extrahiert werden – die Wirklichkeit der Welt und ihrer Gegenstände werden gleichgültig gegenüber der Anschauung der bloßen Möglichkeit, Imagination und frei phantasierenden Variation.

> Schon das cartesische „Cogito" hätte nicht die absolute Gewißheit hergeben können, die ihm abverlangt wurde, wenn es nur den Rang einer empirisch-psychologischen Feststellung, nicht den evidenter Wahrheit gehabt hätte. Die Phänomenologie ist die methodisch umfassende, universale Heraushebung der absoluten Gewißheitscharaktere des Bewußtseins.[165]

Husserl baut den Weg vom Zweifel zum Cogito aus; die gefundene Methode besteht dementsprechend in der *phänomenologischen Reduktion*; dabei werden diejenigen Charaktere

---

[160] Blumenberg, OD, S. 22.
[161] Vgl. Flasch, K., *Hans Blumenberg*, S. 178.
[162] Vgl. Ebd., S. 178.
[163] Blumenberg, RR, S. 31.
[164] Blumenberg, OD, S. 23.
[165] Ebd., S. 23.

am Gegebenen abgespalten und sistiert, „die es für das Subjekt mit der Andringlichkeit und Bezugsfülle des Wirklichen ausstatten."[166] Entscheidend für Blumenberg ist nun, dass Husserl den Schritt über den Cartesianismus erst vollzieht, „als ihm aufging, daß die von ihm herausgearbeitete Struktur der Selbstgegebenheit des Gegenstandes nicht nur für den Einzelgegenstand gilt, sondern darüber hinaus die Analyse der Totalität des Erfahrungszusammenhanges bestimmt."[167] Was gegeben wird, ist Evidenz vom Sein transzendentaler Subjektivität.[168] Als Ertrag verbleibt nur das *phänomenologische Residuum*, d.h. „das Bewußtsein nicht als je meiniges im Hier und Jetzt, sondern das ‚*reine*' Bewußtsein in seinem absoluten Eigenwesen und als Region notwendiger Wesentlichkeit überhaupt."[169] Das natürlich menschliche Ich wird auf das transzendentale reduziert.[170] Die transzendentale Selbsterfahrung – damit apodiktisch gesichert – fungiert als Untergrund apodiktischer Urteile.[171] Als *reines* Ich, d.h. als bloßes *Residuum*, sind alle naturhaften Bestimmungen dessen gestrichen; das bedeutet auch Individualität ist diesem Ego nicht gegeben.[172] Die Selbstgegebenheit des Gegenstandes ist für Husserl „auch die strukturierende Idee der Einheit des Bewußtseins in seinen Erfahrungen."[173]

> Die *Idee eines unendlichen, in sich geschlossenen Systems möglicher Erfahrungen* ist der *ständige Vorgriff* des Bewußtseins auf alles, was ihm begegnet, und im Horizont dieses Vorgriffs, den Husserl auch als „*intentionale Implikation*" bezeichnet, bildet sich in der unausgesetzten Bewährung der faktischen Erfahrung an dieser *unendlichen Antizipation* das Bewußtsein von Wirklichkeit.[174]

Die Leistung dieser Normalstimmigkeit des Bewusstseins drückt aus, dass Wirklichkeit ein im Gesamtprozess des anfangs- und endlosen Bewusstseinsstroms *sich konstituierender Kontext* ist – eine *endlose* Aufgabe.[175] Damit hat Husserl deskriptiv nachvollzogen, was zwischen Descartes und Leibniz spekulativ durchschritten wurde; hier stößt er allerdings auf das Problem des gefährlichen *Solipsismus*, d.h. ein einsames Dasein, in dem alle anderen potenziellen Subjekte nur in unserer Vorstellung existieren dieses Wirklichkeitsbegriffes, beruhend auf der Ununterscheidbarkeit von Wirklichkeit und Bildlichkeit:

> Aber als er [Husserl; Anm. AR] so weit war wie Leibniz, ging ihm die Gefahr auf, die Leibniz nicht

---

[166] Blumenberg, RR, S. 31.
[167] Ebd., S. 32.
[168] Vgl. Flasch, K., *Hans Blumenberg*, S. 177f.
[169] Blumenberg, OD, S. 23.
[170] Vgl. Flasch, K., *Hans Blumenberg*, S. 178.
[171] Vgl. Ebd., S. 178.
[172] Vgl. Ebd., S. 179.
[173] Blumenberg, RR, S. 32.
[174] Ebd., S. 32.
[175] Vgl. Sommer, M., „Wirklichkeit", S. 375.

zu schrecken brauchte, das Subjekt der freien Variation könne unfähig zu jeder Objektivität sein, weil alle anderen Subjekte bloße Erscheinungen, weil es selbst ein *solus ipse* wäre.[176]

Was Husserl fürchtet, ist der Verlust der Möglichkeit zu verstehen, was Wirklichkeit ist. Der *Solipsismus* ist ein neuzeitliches Phänomen, insofern diese Epoche in der Problematik ihres Realitätsbewusstseins, in der Unsicherheit ihres Wirklichkeitsbegriffs einen grundlegenden Gedanken besitzt; ein *Defizit an Weltvertrauen* macht den neuzeitlichen Geist aus. Das beruht darauf, dass wir Wirklichkeit „als einen Modus der Unabhängigkeit der Welt von unserem Bewußtsein" begreifen, ohne dabei zu behaupten, sie sei die „Unabhängigkeit von jeglichem Bewußsein überhaupt."[177] Da zeigt sich schon, was uns Gewissheit über die Wirklichkeit verschafft und für diesen Wirklichkeitsbegriff zum zentralen Merkmal wird: „Weil es die anderen gibt, ist Wirklichkeit nicht von unserem Bewußtsein abhängig. Die Intersubjektivität verleiht dieser Rede ihren Sinn und damit all dem, was im Prozeß der Wissenschaft als Objektivität beansprucht wird."[178] Der Horizont der Vorgriffe und Implikationen, in dem sich Wirklichkeit konstituiert, ist Husserl zufolge „ein von der Miterfahrung anderer Iche umstelltes und auf sie immer mitbezogenes Feld."[179] Im platonischen Höhlengleichnis, das den antiken Wirklichkeitsbegriff beinhaltet, fungiert die Sprache die Gemeinschaft der Subjekte als den Zusammenhang einer sekundären Vermittlung dar. Bei Platon herrscht noch eine gewisse *Ein*seitigkeit. „Für Husserl hingegen ist der Einzelne ein Verlorener, weil er unfähig ist, die Welt als unabhängig von sich selbst zu erfahren und diese Unabhängigkeit in Wissenschaft zu realisieren."[180] Hier kann der Mensch die Wirklichkeit als *Objektivität*, d.h. unabhängig von seinem Bewusstsein erfahren, da die Gemeinschaft der Subjekte – entscheidend durch die Sprache – als „die einer Verständigung angesichts der Objekte her" dargestellt wird.[181] Erst die *perspektivische Einstimmigkeit*, d.h. die sich nicht widersprechende Summe der einzelnen Perspektiven kann aus dem *offenen Kontext* einen *intersubjektiven Kontext* schaffen, der als Wirklichkeit anerkannt werden kann: „Wirklichkeit als sich konstituierender Kontext ist ein der immer *idealen Gesamtheit* der Subjekte zugeordneter *Grenzbegriff*, ein Bestätigungswert der in der *Intersubjektivität* sich vollziehenden Erfahrung und Weltbildung."[182] Der neuzeitliche

---

[176] Blumenberg, RR, S. 100.
[177] Ebd., S. 100.
[178] Ebd., S. 100.
[179] Ebd., S. 33.
[180] Ebd., S. 101.
[181] Ebd., S. 101.
[182] Blumenberg, „Wirklichkeitsbegriff und Möglichkeit des Romans", S. 52.

Wirklichkeitsbegriff besitzt eine epische Struktur, sodass „er notwendig auf das nie vollendbare und nie in allen seinen Aspekten erschöpfte Ganze einer *Welt* bezogen ist, deren partielle Erfahrbarkeit niemals andere Erfahrungskontexte und damit andere *Welten* auszuschließen erlaubt."[183] Wirklichkeit im neuzeitlichen Verständnis versteht sich somit als ein unendlicher Prozess ohne das Ziel, in dem man von letztgültiger Gewissheit sprechen kann, sofern noch andere *Welten*, andere *Erfahrungen* mit dem bisherigen Resultat kollidieren können.

2.2 Geschichtliche Kritik: Die Krisis der Neuzeit

Das phänomenologische Programm der *Universalität* wird, noch bevor es in die breite philosophische Forschung umgesetzt werden konnte, mit einer aufgreifenden Diskussion konfrontiert, die Blumenberg als „Erschütterung" betitelt: „Vielmehr ist, wenn man die ‚Wirkungen' des Husserlschen Denkens charakterisieren soll, gerade das Phänomen der *Brechung* auffällig und für seine gewiß weittragenden Auslösungen bestimmend."[184] Nun ist es der Wirklichkeitsbegriff Husserls, der dieses Phänomen entscheidend verinnerlicht, insofern der Wirklichkeitsbegriff der *offenen Konsistenz* als *Realisierung* auf die *intersubjektiven Brechungen* angewiesen ist und als *epische* Aufgabe nie letztgültiges Resultat wird, sondern immer mit Vorläufigkeit angenommen werden muss – das ist, was den wissenschaftlichen Gedanken einer Theorie ausmacht. Dies sei die Problematik der *phänomenologischen Reduktion*, Methode des neuzeitlichen Wirklichkeitsverständnisses. In ihr wird vorallem das Konzept *ontologischer Distanz* vollendet. So weist kaum eine andere akademische Disziplin als die Philosophie eine solche Kontinuität von Termini, Themen und Traditionen auf, wodurch sie ihren Zeitursprung nicht mehr im Blick hat, sondern sich vornehmlich mit sich selbst beschäftigt, was das Eindringen neuer Erfahrungen auf *Distanz* hält. Diese Tendenz nennt Blumenberg die *ontologische Distanz*; damit beschreibt er in seiner Habilitationsschrift eine dem abendländischen Denken innewohnende problematische Vergegenständlichung von *Wirklichkeit*, die sich in der Moderne gesteigert findet, besonders zum Zweck der wissenschaftlichen Erforschung und Beherrschung.[185]

> In der Thematik „Welt und Gegenstand" finden diese Analysen ihre ontologische Verwurzelung. Darin, daß schließlich nur *ist*, was Gegenstand sein kann, vollendet sich die ontologische Distanz als Gegenständigkeit.[186]

---

[183] Blumenberg, „Wirklichkeitsbegriff und Möglichkeit des Romans", S. 52.
[184] Blumenberg, OD, S. 25.
[185] Vgl. Goldstein, J., *Hans Blumenberg*, S. 82.
[186] Blumenberg, OD, S. 10.

Da die Phänomenologie mit der *transzendentalen Reduktion reine* Ideen untersucht, erforscht sie das ganze Bewusstsein; das ist ein absoluter Anspruch, setzt uns allerdings zu allem auf *Distanz*, was uns im natürlichen Leben am nächsten ist.[187] Bei Descartes war es noch lediglich die Distanz zwischen *res cogitans* und *res extensa*, die über den *Deus verax* überbrückt wurde.

„Aber jenes ‚reine Bewußtsein‘, eben das phänomenologische Residuum, mit seinen streng notwendigen Strukturen hat doch seinen unübersehbaren Modus von ‚Ferne‘."[188] Das Sein wird dabei auf die bloße Gegenständlichkeit reduziert, das Bewusstsein funktioniert dann intentional, d.h. als die possessive Verfügbarmachung von Etwas, immer in Distanz zum Objekt und die Geschichte wird als *natürliche Einstellung* dem Unwesentlichen zugerechnet – das sind Charakteristika der *ontologischen Distanz* in Reinform.[189] Das reine Eidos bzw. das Wesenhafte, das der mathematische Ansatz Husserls fassen will, besitzt für Blumenberg eine gewisse *Unwesentlichkeit*. Er bezieht sich dabei auf einen Vergleich mit Augustinus‘ (354 – 430) notwendig-ewigen Wahrheiten, die in unserem Bewusstsein etwas Fremdartiges besitzen, d.h. unserem Wesen so wenig zugehörig sind, dass Augustinus sie nur aus der göttlichen Illumination erklären zu können glaubte.

> Von dieser Erfahrung aus muß die phänomenologische Reduktion das Distanzmoment in zugespitzter Gewaltsamkeit repräsentieren. Die Gewinnung der philosophischen Gewißheitssphäre ist hier in konsequentester Gestalt als das zu charakterisieren, was wir „ontologische Aufklärung" genannt haben.[190]

Die Phänomenologie ist insofern *ontologische Aufklärung* in ihrer konsequentesten Gestalt, indem die Konstruktion ihrer Subjekt-Objekt-Distanz auf *Herrschaft* über die Wirklichkeit als Natur zielt, was die Losung der Aufklärung bedeutet.[191] In der *transzendentalen Reduktion* als Aufhebung aller natürlichen Bestimmungen des Ich und dessen Individualität wird die eigentliche *Geschichtlichkeit*serfahrung des Menschen aufgegeben, denn zu diesem phantastisch idealisierten Subjekt gelangt man erst, wenn die *Faktizität des Daseins* ausgeschaltet wird:[192] „Aufklärung ist wesentlich Aufstand und Behauptung gegen die Geschichtlichkeit des Daseins."[193] Zusammengefasst: Die Phänomenologie, speziell in ihrer Methode der *transzendentalen Reduktion* ist *ontologische Distanz* und somit auch *ontologische*

---

[187] Vgl. Flasch, K., *Hans Blumenberg*, S. 179.
[188] Blumenberg, OD, S. 25.
[189] Vgl. Flasch, K., *Hans Blumenberg*, S. 180.
[190] Blumenberg, OD, S. 26.
[191] Vgl. Flasch, K., *Hans Blumenberg*, S. 179.
[192] Vgl. Goldstein, J., *Hans Blumenberg*, S. 93.
[193] Blumenberg, OD, S. 93.

Aufklärung als der Wille zur Verwirklichung absoluter Gewissheit, da das Ergebnis dieser Methode jene transzendentale Subjektivität ist, sprich das *phänomenologische Residuum*, wobei wir von einem eidetischen, d.h. universal distanzierten Gehalt sprechen können – und das ist von Blumenberg negativ mit anhaftenden Nachteilen und Sorgen bewertet. Was Blumenberg mit der *ontologischen Distanz* kritisiert, ist folgendes: Als exakte Wissenschaft ist der cartesisch-husserlianische Gewissheitsentwurf vom ursprünglichen Selbstverständnis des Daseins gelöst; er überfordert den Menschen, d.h. er ist keine Wahrheit für ihn.[194] Der Bezug auf den wirklichen Menschen muss gezogen werden und seine lebensweltliche Erfahrung ist in dem theoretischen Wirklichkeitskonzept Husserls erheblich depotenziert. Blumenberg bezweifelt, dass der vermeintliche Zugewinn der *Objektivität* als Interdependenz der Subjekte wirklich ein solcher Gewinn ist, sich also positiv werten ließe. Denn mit der *Intersubjektivität* für den neuzeitlichen Wirklichkeitsbegriff geht der Forderung auch ein Verzicht einher, indem der volle Reichtum der integralen Erfahrung dem Individuum nicht mehr zugebilligt wird: „Was vorübergehend einmal mit dem großen Ausdruck ‚Erlebnis' benannt worden ist, enthält die Sehnsucht, es möge eine nicht nur der Objektivität dienstbare und in diese integrierbare Erfahrung geben."[195] Letztendlich sieht Blumenberg die Problematik „darin, daß der philosophisch sich selbst verstehende und sein Seinsverständnis auslegende Mensch *geschichtlich* ist."[196] Diese Konzeption ist nicht die Gewissheit des Einzelnen; über den wirklichen Menschen denkt die neuzeitliche Wissenschaft hinweg, hat keinen Bezug mehr zu dessem Glücksverlangen.[197] Dieser Wirklichkeitsbegriff betrachtet nur die absolute Gewissheit im *unendlichen Subjekt der Menschheit*, nicht des Einzelnen, der darin als bloßes Exemplar erscheint. Dementsprechend ist der Einzelne überfordert und vernimmt die Entfremdung zwischen seinem eigenen, endlichen Dasein und der in den unendlichen Progress verschobenen Gewissheit, die er sucht.[198] Der absolute, unendliche Anspruch der Epoche und dass sie eben nur geschichtliche Epoche ist, stehen in Widerspruch zueinander.[199] Das neuzeitliche Bewusstsein begriff sich als Träger der in Erkenntnis, Wissen und Technik gegründeten Herrschaft über die Wirklichkeit. Die Aufklärungskritik der *Frankfurter Schule* wird hier bei Blumenberg herauslesbar, insofern sich dieses Herrschaftsverhältnis dialektisch umschlägt;

---

[194] Vgl. Flasch, K., *Hans Blumenberg*, S. 177.
[195] Blumenberg, RR, S. 104.
[196] Blumenberg, OD, S. 26.
[197] Vgl. Ebd., S. 26.
[198] Vgl. Ebd., S. 26.
[199] Vgl. Flasch, K., *Hans Blumenberg*, S. 164.

nun ist das neuzeitliche Bewusstsein – in der Phänomenologie als *ontologische Aufklärung* vollends vollstreckt, d.h. die *ontologische Distanz* in ihrer universalen Ferne absolut verinnerlicht – der Hoheit des Wirklichen ausgeliefert:

> Es [das neuzeitliche Bewusstsein; Anm. AR] „macht" nicht mehr die Geschichte, indem es ihr den zum unaufhörlichen Fortschritt ständig nötigen Zuschuß an Erkenntnis und moralischer Vervollkommnung zuführt, sondern es findet sich „in" der Geschichte vor, in der Unausschlagbarkeit dieser Welt, die ihm schon seine Möglichkeiten vorgeben und seine Freiheit zugemessen hat. Und nun benommen und betroffen von solcher Entschiedenheit, die nicht erst als das „Wesentliche" erwiesen werden muß um es zu *sein* – ist doch immer nur wesentlich, was unser Dasein „entscheidet" –, was kann es nun dem Menschen noch bedeuten, eine gegenständlich entrückte Wirklichkeit „rein" zu erfassen, eine Region eidetischer Notwendigkeit zu erschließen, da ihn doch *seine* „Notwendigkeit" schon ohne Besinnung gefordert hat.[200]

Es braucht den kritischen Punkt, der auf die *Geschichtlichkeit* der Geschichte der Philosophie als ursprünglicheres Denken verweist. Erst durch einen Anstoß, eine Unterbrechung durch eine Zäsur wird die geltende Evidenz erschüttert, um die Ursprünglichkeit von Geschichte freizusetzen – ein *Widerfahrnis*:

> Die Geschichtlichkeit seiner Geschichte konnte dem Denken, über dessen Sinn und Möglichkeit solcherart entschieden war, nur *widerfahren*. Dieses Widerfahrnis hat nicht die Art der Aporie, in der das Denken vor diesem oder jenem nicht weiter weiß und die es als Problem eines Noch-nicht des Wissens aufnimmt, sondern radikaler die der *Verlegenheit* um sich selbst.[201]

Widerfahrnis ist eine Beschreibung dieser benötigten Erfahrung. Es macht sich dazu auch deutlich, dass es sich bei diesen um Erfahrungen des *Brechens des Wirklichkeitsverständnisses* handelt. Brechen, brüchig, Umbruch – dies sind alles Attribute, die der Begriff „Wirklichkeit" mit sich führt, wie erklärt wurde. Blumenbergs Kritik an der *ontologischen Distanz* fordert nun folgendes: „Es muß daher für die Verifizierung dieser Einsicht" – d.h. dass die *ontologische Distanz* eine die Philosophiegeschichte durziehende *geschichtliche Möglichkeit* ist – „von ausschlaggebender Bedeutung sein, solche Umbrüche aufzuweisen."

Blumenberg hält an der *Faktizität des Daseins*, d.i. die grundsätzliche Bestimmung, in der Offenheit der Welt zu sein, fest und schließt sich der Zeitanalytik an, die *Geschichtlichkeit* wahrzunehmen und deshalb von einem *Scheitern der Neuzeit* zu schreiben.[202] Es ist ihm allerdings nicht das Anliegen, diese Zeitanalytik einfach fortzutreiben. Lediglich geht es ihm darum, die Unzulänglichkeit der *ontologischen Distanz* hervorzuheben, die nur „eine *geschichtliche* Möglichkeit ist, ja daß man von ihr als solcher sagen kann: *war*, ohne damit

---

[200] Blumenberg, OD, S. 27.
[201] Ebd., S. 4.
[202] Die neue Philosophie beginnt in Blumenbergs Augen beim philosophischen Umbruch durch Heidegger, bei dem das Geschichtliche im Sein das Wesentliche ist, siehe hierzu bes.: Flasch, K., *Hans Blumenberg*, S. 179f.

mehr als ein *Faktum* zu behaupten [...]."[203] Blumenberg betrachtet das Projekt *Distanz* durch angestrebte Erkenntnisgewissheit, sowie es die abendländische Philosophie durchzog, als *gescheitert.*[204] Die Neuzeit ist insofern gescheitert, indem sie sich als das bleibende Resultat aller Geschichte begriff – nicht weniger besagt ihre Terminologisierung als „*Neu*-Zeit"; dieser Name birgt den Anspruch einer Endgültigkeit, sodass nach ihr nichts gedacht werden kann. Nun ist es eine neue Erfahrungsebene, die die Neuzeit und ihre verinnerlichte *ontologische Distanz* als *geschichtlich* und nicht zeitlos bzw. unendlich entlarvt. Während die *phänomenologische Reduktion* es als bloße Faktenwelt der natürlichen Einstellung ausgrenzt, hält Blumenberg der *geschichtlichen* Erfahrung konkreter *Faktizität* die Treue; er wendet sich angesichts der Grunderfahrung der Gegenwart her um und betrachtet die *phänomenologische Reduktion* nicht als die Fortsetzung der Neuzeit, sondern ihre entscheidende Kritik.[205] Die Neuzeit wird von Blumenberg als geschichtliche Epoche gedacht, insofern sie beginnt und vergeht; Ursprung und Krise sind dabei ein Thema.[206] Während für Husserl seine Phänomenologie die Rettung aus der Krise der Wissenschaften und der Philosophie darstellt, sieht Blumenberg darin das deutliche Symptom dieser Krise; und zu diesem krisenhaften Punkt ist die Geschichte gelangt:

> Von mehr oder weniger deutlichen Bewußtsein, in der Krise der Neuzeit zu stehen, ist die Gegenwart erfüllt. Was bedeutet hier der Begriff der „Krisis"? Er bedeutet, daß das fraglos Selbstverständliche, auf dem eine ganze Epoche aufruhte, sich nicht mehr von selbst versteht. Es wird aber nicht nur problematisch, gegenständlich für Zweifel und Diskussion, dem Versuch der Korrektur ausgesetzt, sondern es entzieht sich radikal, wird nichtig. Diese Ver„nichtung" trifft der Name des *Nihilismus.*[207]

Über den Begriff der „Krisis" eröffnet sich eine für das Vorhaben relevante Verbindung. Denn die *Krisis der Neuzeit* als *Entselbstverständlichung* ist eine Krise des Wirklichkeitsverständnisses, insofern die Definition für Wirklichkeit das der Zeit *Selbstverständliche* meint. Diese Krise des Wirklichkeitsverständnisses ist dann selbst *Nihilismus*:

> Anfänglich nur auf den Verfall der religiösen Bindungen und der moralischen Werte gewendet, erwies er [der Nihilismus; Anm. AR] sich alsbald für ein viel umfassenderes Phänomen als zutreffend: für die „annihilatio" des Wirklichkeitsbodens der Neuzeit im ganzen.[208]

---

[203] Blumenberg, OD, S. 27.
[204] Vgl. Goldstein, J., *Hans Blumenberg*, S. 82.
[205] Vgl. Flasch, K., *Hans Blumenberg*, S. 179.
[206] Vgl. Ebd., S. 174f.
[207] Blumenberg, OD, S. 5.
[208] Ebd., S. 5.

Hier finden wir den entscheidenden Übergang von einer Betrachtung, was es mit Wirklichkeitsverständnissen auf sich hat, zu Blumenbergs Nihilismus-Überlegungen in der grundlegenden Definition, die er für den Nihilismus findet. Er kritisiert den neuzeitlichen Wirklichkeitsbegriff, in dem die *ontologische Distanz* präsent ist. Diese philosophische Tendenz der Distanzierung wirkt im Wirklichkeitsbezug des Menschen seit der Antike und ist im cartesisch-husserlianischen Gewissheitskonzept potenziert. Blumenberg macht dagegen stark, dass es einen *geschichtlichen* Bezug zur Wirklichkeit braucht. Dafür bedarf es dem *Widerfahrnis* und dies ist eben der *Nihilismus*. Am Ende der Phänomenologie steht das *Scheitern der Neuzeit* als Scheitern der *ontologischen Distanz*. Die Aktualität des *Nihilismus* gehört damit für Blumenberg in das Ende der Neuzeit:[209]

> Die Vehemenz des Nihilismus, die unsere Gegenwart bedrängt, bezeugt das Offenbarwerden eben
> dieses enttäuschend-vernichtenden Faktums, daß auch die Neuzeit nur Epoche ist. Eben dies ist das
> Widerfahrnis, das das Denken inmitten seiner Fraglosigkeiten infrage stellt: die Endlichkeit des ins
> unendliche Entworfenen, der Abbruch des Absoluten, die Epoche des End-gültigen, mit einem Wort:
> die Geschichtlichkeit der Geschichte.[210]

Blumenberg gewinnt aus diesem logischen Zusammenhang seine Nihilismusdefinition.

2.3 Blumenbergs Nihilismusdefinition: Nihilismus als Metakinese

Jede Epoche hat eine gewisse *Leitidee*, die den jeweils verschiedenen Anspruch bestimmt, den sie an die Wirklichkeit stellt.[211] Blumenberg spricht dabei vom jeweiligen „*Kriterium der Wirklichkeit*".[212] Unter diesem Anspruch betrachtet jedes geschichtliche Zeitalter dessen Wirklichkeit:

> Dieser Anspruch ist das Selbstverständliche und Fraglose, der *Boden*, auf dem alle Überzeugungen,
> Theorien, Normen, Werte aufruhen. Als dies Selbstverständliche und Fraglose findet es sich
> nirgendwo ausdrücklich formuliert. Es ist *geschichtliche Urthesis* und als solche immer erst vom
> schon erfolgten Umbruch her herauszupräparieren.[213]

Es ist nicht zu übersehen, dass sich dies mit den Kategorien einer Wirklichkeit deckt und das ist eben der Punkt: Blumenbergs Nihilismusdefinition steht in Zusammenhang zu seinen Überlegungen der Wirklichkeitsverständnisse, die in dieser frühen Phase noch nicht auf diese Weise ausgeschrieben waren, wie hier vorher ausgeführt; wenn diese *geschichtliche Urthesis*

---

[209] Vgl. Flasch, K., *Hans Blumenberg*, S. 164.
[210] Blumenberg, OD, S. 6.
[211] Vgl. Flasch, K., *Hans Blumenberg*, S. 240.
[212] Blumenberg, Hans, „Das Problem des Nihilismus in der deutschen Literatur der Gegenwart [Vortrag]", 1950, in: Ders., *Schriften zur Literatur 1945 – 1958*, herausg. v. Alexander Schmitz u. Bernd Stiegler, Berlin 2017, S. 43.
[213] Ebd., S. 44.

bzw. der Wirklichkeitsboden einen Bruch vernimmt, kommt es zu einer großen Krise, die sich nicht mehr mit den Mitteln der Welterklärung aus dem jeweiligen Bewusstsein erklären lässt – das ist eine *nihilistische* Situation in der alles, was als wirklich, wahr und gut galt, unsicher geworden ist.[214] Wie kommt es zu diesen Brüchen?

> Jede geschichtliche Epoche steht auf einem Boden von Gewißheit, der für sie fraglos und selbstverständlich gültig ist und von dem her alles Wirkliche, Echte, Verbindliche als solches seinen Bestand hat. Treten nun aber im Zentrum dieses Bewußtseins Erfahrungen auf, die sich mit dem bis dahin fraglosen nicht vereinigen lassen, so kommt es zu einer Krise der fundamentalen Wirklichkeitsgewißheit, und diese Krise wird um so umfassender und akuter sein, je bedrängender und unabweisbarer jene Erfahrungen sind. „Nihilismus" ist der Name der universalen und radikalen Krise der Gewißheit überhaupt.[215]

Diese Definition deckt sich mit dem, was seine Habilitationsschrift aussagte. Entscheidend sind zweierlei: Erstens ist der *Nihilismus* eine *Krise der Gewissheit*; Wirklichkeit diente vor allem der Gewissheitssicherung. Dann ist einleuchtend, dass der *Nihilismus* eine *Krise der Wirklichkeit* ist, immerhin ist die nihilistische Situation am *Bruch des Wirklichkeitsverständnisses* des cartesisch-husserlianischen Gewissheitskonzepts lokalisiert worden. Zum anderen sind es Erfahrungen, die zur nihilistischen Krise führen. D.h. wenn wir den Nihilismus der Gegenwart untersuchen wollen, der „die akute Krise des Wirklichkeitsbewußtseins der Neuzeit in seinen letzten Grundlagen" ist, dann müssen (a) der Anspruch und (b) die kritischen Erfahrungen herausgestellt werden, um zu verstehen, was das Nihilistische an der Krisis der Neuzeit ist.[216] Der Wirklichkeitsbegriff der Neuzeit hat diesen Anspruch inne, dessen Voraussetzungen nicht durchgesetzt werden konnten. Er erklärt sich über die Wissenschaftlichkeit des neuzeitlichen Wirklichkeitsbegriffes, die bei Descartes ihren originären Ursprung hat und bei Husserl vollends vollstreckt wurde.

Husserls entscheidende Leistung der Phänomenologie besteht darin, damit einen Bereich zu erschließen, in dem die Notwendigkeit aller Sachverhalte der bestimmende Index ist, was bedeutet, dass sich das Ideal *strenger Wissenschaft* für die Philosophie erfüllt. Die Eigenschaften einer Wissenschaft, und das ist vor allem ihre *objektivierende* Qualität, sind für dieses Wirklichkeitsverständnis ein entscheidendes *Kriterium*, denn sobald Wissenschaft als philosophisches Ideal initiiert wird, kann es auch *Anspruch* und *Maß* werden. Die

---

[214] Vgl. Flasch, K., *Hans Blumenberg*, S. 240.
[215] Blumenberg, Hans, „Das Problem des Nihilismus in der deutschen Literatur der Gegenwart [Vortragsankündigung]", 1950, in: Ders., *Schriften zur Literatur 1945 – 1958*, herausg. v. Alexander Schmitz u. Bernd Stiegler, Berlin 2017, S. 41.
[216] Blumenberg, „Das Problem des Nihilismus in der deutschen Literatur der Gegenwart [Vortragsankündigung]", S. 41.

phänomenologische Reduktion bringt die *Tendenz der Universalität* des cartesischen Entwurfes *wissenschaftlicher* Gewissheit zur letztmöglichen Konsequenz. D.h. „alles, was je wirklich und möglich sein kann, also auch alle Setzungen und Entschiedenheiten, *muß* aus Leistungen des Bewußtseins verstehbar sein.“[217] Deshalb lässt die Phänomenologie als Studium des Ganzen des Bewusstseins kein „Vor" zu, wie Blumenberg es nennt, das nicht dieser Wissenschaft unterliegt. Aus Blumenbergs Analyse der Neuzeit lässt sich herauslesen, dass der wissenschaftliche Blick für die Wirklichkeit in seiner phänomenologischen Definition vollends entfesselt erscheint: „Wirklichkeit und Wissenschaft treten hier in *absolute* Korrelation.“[218] Dass dieser *Wirklichkeitsbegriff der offenen Konsistenz* auch ein *Wirklichkeitsbegriff der Wissenschaft* ist, diese Gemeinsamkeit wird besonders über das Merkmal der *intersubjektiven Einstimmigkeit* deutlich. Die Subjekte bringen ihre subjektive Differenz der Erfahrungen in den Verbund der *objektivierenden* Einstellung ein. Die *Objektivität* erfüllt sich also in diesem Verbund der Subjekte als *eine* Gewissheit. Nur auf diese objektivierende Weise kann der Theoretiker die Welt begreifen, denn nur mit der Aussicht auf *Objektivität* durch *Intersubjektivität* kann ihm die Welt als Gegenstand der Theorie sinnvoll erscheinen. Hier realisiert sich die Unabhängigkeit vom Subjekt, die unmögliche Distanz zwischen Subjekt und Objekt, in Wissenschaft:

> Die offene Konsistenz des Wirklichkeitsbegriffs der Wissenschaft ist nicht die Revue, die die Gegenstände vor dem theoretischen Subjekt passieren, sondern die Vereinbarkeit ihrer Daten, die sie für verschiedene Subjekte in verschiedenen Positionen und unter verschiedenen Bedingungen abwerfen.[219]

Das Merkmal *intersubjektiver Einstimmigkeit* als eine *Objektivität* macht also die Wissenschaft aus und findet in ihm Einschluss in den Wirklichkeitsbegriff der Neuzeit. Die *Objektivität* ist hier die angesprochene *Leitidee*. D.h. den konkreten Errungenschaften der Neuzeit liegt die Methode der *Objektivierung* zugrunde:

> Die großen geistigen und technischen Errungenschaften der Neuzeit beruhen auf der Voraussetzung, daß alles, was wirklich ist, eben als solches auch zum Objekt einer methodisch vorgehenden Erkenntnis und alsdann der technischen Herrschaft des Menschen müsse werden können. Die totale Objektivierung der Wirklichkeit verwirklicht sich als der „Fortschritt" der Geschichte.[220]

Blumenberg stellt heraus, dass der Wirklichkeitsbegriff der Neuzeit „sich als ein solcher

---

[217] Blumenberg, OD, S. 24.
[218] Ebd., S. 24.
[219] Blumenberg, RR, S. 102.
[220] Blumenberg, „Das Problem des Nihilismus in der deutschen Literatur der Gegenwart [Vortragsankündigung]", S. 41f.

Anspruch von ganz einzigartiger Kraft der homogenen Umfassung des Wirklichen verstehen" lässt, den der Begriff der „Objektivität" einheitlich zusammenfasst.[221] Es hat sich herausgestellt, dass alles Wirkliche zum *Objekt* der menschlichen Erkenntnis werden muss; dies erfolgt, indem es der wissenschaftlichen Methode unterworfen und zugänglich wird. Das *Objekt* muss sich darin als objektiv und das bedeutet als „in einer für alle, öffentlich zugänglichen, ständig wiederholbaren und demonstrierbaren Weise bewähren."[222] Das Kriterium der Wirklichkeit ist dementsprechend das *Experiment*; die Phänomene, die sich bei bestimmten, bekannten und vom Menschen gesetzten Bedingungen nach bestimmten Gesetzen vorhersehbar ergeben, können als *wirklich* anerkannt werden. In dieser Entfaltung von Wissenschaft und Technik wird die Wirklichkeit theoretisch und praktisch verfügbar gemacht. Darin besteht die Vollstreckung des fundamentalen Anspruchs auf *Objektivität*, die dem Wirklichkeitsverständnis wie aus Husserls Phänomenologie hervorging die geschichtliche Verlaufsform des *Fortschrittes* innehat. Die Realität steht als die Fragloseste, Selbstverständlichste da. Dennoch „verflüchtigte, nichtete, derealisierte [sie] sich im Umbruch der Horizonte."[223] Die Antwort wurde in der Definition schon gegeben: Durch *unvereinbare Erfahrungen* mit dieser *Selbstverständlichkeit*. Insofern ist der Mensch Nihilist, wenn er misstrauisch aufgrund neuer *Erfahrungen* gegen das Kriterium *objektiver Gegenständlichkeit* stößt. Dann bricht er aus einer Beunruhigung aus der „Welt beruhigter Gegenständlichkeit, systematisierter Erkenntnisse, geordneter Reguliertheit" heraus.[224] Das ist für Blumenberg ein Einlassen mit dem Nichts, in dem er um Bestätigung seiner *Erfahrungen* ringt. Damit kommt Blumenberg zu folgender Definition: „Man könnte das Phänomen des Nihilismus letztenendes als einen Vorgang der ‚Entselbstverständlichung' charakterisieren. Das ist aber eben der Vorgang, der auch die großen epochalen Umbrüche des geschichtlichen Lebens kennzeichnet."[225]

Der Nihilismus gehört damit in den Prozess der sich ablösenden Wirklichkeitsbegriffe, insofern er der Begriff dieser Ablösung, dieses Brechens ist; und das vervollständigt das Bild, wie die Bewegung der Wirklichkeitsverständnisse aussieht. Blumenberg spricht dabei von *Metakinese*. Als diese wird eine Art des *Umbruchs* in der Weltorientierung bezeichnet, der die errungene

---

[221] Blumenberg, „Das Problem des Nihilismus in der deutschen Literatur der Gegenwart [Vortrag]", S. 44.
[222] Ebd., S. 44.
[223] Ebd., S. 45.
[224] Ebd., S. 54.
[225] Ebd., S. 54.

ontologische Distanz erschüttert.[226] Die *ontologische Distanz* hat sich selbst als eine Leitidee herauskristallisiert, aber hintergündiger und unbewusster, die ihre konkreteren Derivate beispielsweise in der *Objektivität* hat. Der Begriff der „Metakinese" ist dementsprechend ein Schlüsselbegriff für die *Geschichtlichkeit der Geschichte*.[227] Blumenberg geht es bei dem Begriff – in Anlehnung an Hans Jonas – nicht um die Bewegung der Geschichte im Sinne einer philosophischen Kontinuität, sondern um die Erfassung der fundamentalen *Bewegungskategorie* des geschichtlichen Hintergrundes.[228] Dieser Bewegungskategorie ist das nihilistische Widerfahrnis eigen. Die *Metakinetik* besitzt dabei aber eine gewisse Unerträglichkeit, indem die Weltgewissheit infrage gestellt wird; es ist daher das Bemühen, sie hinter dem Schein der Kontinuität, den die Tradition erstellt, zu verstecken.[229] Die Tradition der Philosophie in ihrer vermeintlichen Kontinuität erklärt sich dementsprechend über den komplementären Begriff der „Metastatik": „Die Mächtigkeit des traditionell Überkommenen in der Geschichte hat eine ganz bestimmte Wurzel, nämlich den unabdingbaren Zug des geschichtlichen Lebens auf Erhaltung der Kontinuität des Wirklichkeitsbewußtseins."[230] In Momenten des Zusammenbruchs der *ontologischen Distanz* ereignet sich die Geschichte im Versagen der traditionellen Ordnung als *Metakinese*.[231]

Blumenberg spinnt die Folgen dieser Definition noch weiter und setzt sie somit dem Philosophieren gleich. Hier zieht sich der Bogen zu seiner Kritik an der Philosophie angesichts dessen Begriffes der „Geschichtlichkeit der Geschichte der Philosophie", die ihre Zeitlichkeit verkennt. Der Nihilismus als Sturz und Verfall des Wirklichkeitsbewusstseins bedroht dementsprechend am stärksten, „was sich in Ruhe, in Starre, in Sättigung zu halten sucht."[232] Deshalb Blumenbergs rhetorische Frage:

> [W]ie ließe sich die immanente Aufgabe philosophischer Arbeit wohl treffender charakterisieren denn als die beharrliche Gegnerschaft der Selbstverständlichkeiten, von denen unser Leben und Denken bis in seinen Grund, viel stärker als wir jemals ahnen können, durchsetzt, ja fundiert ist?[233]

Das als Unfall bzw. Katastrophe Widerfahrene jener Starre, muss das philosophische Denken im Mitvollzug auffangen. Insofern ist es ihre Aufgabe, „die in der Kunst und Dichtung bezeugte

---

[226] Vgl. Goldstein, J., *Hans Blumenberg*, S. 87.
[227] Vgl. Ebd., S. 87.
[228] Vgl. Ebd., S. 88.
[229] Vgl. Ebd., S. 88.
[230] Blumenberg, OD, S. 225 [Anm. 147].
[231] Vgl. Goldstein, J., *Hans Blumenberg*, S. 88.
[232] Blumenberg, „Das Problem des Nihilismus in der deutschen Literatur der Gegenwart [Vortrag]", S. 54f.
[233] Ebd., S. 54.

Erfahrung sorgfältig abzuhören und sich von dem als echtes Zeugnis Erkannten in der Richtung des Denkens, des Ansatzes der Fragen bestimmen zu lassen."[234] Es gilt nun, die *Erfahrungen* herauszuheben, „an denen sich das überkommene Wirklichkeitsbewußtsein gebrochen hatte".[235] Hier setzen Blumenbergs Ausführungen zu Franz Kafka an.

2.4 Kafka als nihilistische Gegenwartsanalyse

Die Philosophie steht vor der Schwierigkeit, das nihilistische Problem elementar zu analysieren und zu gestalten.[236] Blumenberg priorisiert deshalb, die Kunst und Dichtung als *Grunderfahrungen des Nihilismus* zu betrachten; „sie ist der philosophischen Analyse fast überall weit vorausgeeilt und hat Phänomene und Probleme sichtbar gemacht, an die sich das Denken nur allmählich heranzutasten vermag."[237] Er möchte sich dabei der deutschen Literatur zuwenden. Doch während die „handgreiflichen Konsequenzen der nihilistischen Wirklichkeitsruinanz doch in unserem Land einen ihrer Brennpunkte hatten und haben", kann sie dennoch keine protagonistische Stellung einnehmen.[238] Das liege an ihrer Vorbelastung durch philosophische Theorien. In den deutschen Äußerungen zum Problem des Nihilismus sind Spuren, Gerüste und Begriffe der zeitgenössischen philosophischen Reflexion enthalten, was die Einordnung erleichtert, den Rang der unmittelbaren Erfahrung und Aussage jedoch vermindert. Für eine adäquate Gegenwartsanalyse hebt Blumenberg allerdings besonders Franz Kafka hervor:

> Unter den deutschen Schriftstellern dieses Jahrhunderts ist es nur einem gelungen, ein Werk zu schaffen, das mit einer Zeitzündung von fast zwei Jahrzehnten über die ganze Welt hin als gültige Gestaltung unserer Situation, der nihilistischen Situation, angesehen worden ist. [...] Die drei Romane *Franz Kafkas* „Der Prozeß", „Das Schloß" und „Amerika" lassen sich verstehen als dichterische Anagramme der unabdingbar gewordenen *Erfahrung des Inobjektiven*, und zwar desselben in einer Mächtigkeit, die die Bedeutung aller objektiven Maße und Kriterien verdrängt, zunichte macht.[239]

Blumenberg findet bereits einen Begriff für die nihilistische Erfahrung der Neuzeit im *Inobjektiven*, was der Leitidee der *Objektivität* bereits terminologisch komplementär ist. Das charakteristische Verständnis des Seins als Gegenständlichkeit scheitert hieran.[240] Die Erfahrung des Wirklichsten, das unser Leben bestimmte, ist von solcher Mächtigkeit, dass es

---

[234] Blumenberg, „Das Problem des Nihilismus in der deutschen Literatur der Gegenwart [Vortrag]", S. 55.
[235] Ebd., S. 45.
[236] Vgl. Flasch, K., *Hans Blumenberg*, S. 241.
[237] Blumenberg, „Das Problem des Nihilismus in der deutschen Literatur der Gegenwart [Vortrag]", S. 45.
[238] Ebd., S. 45.
[239] Ebd., S. 46.
[240] Vgl. Flasch, K., *Hans Blumenberg*, S. 241.

die objektiven Maße und Kriterien gar vernichte; das Wirklichste ist damit am wenigsten objektivierbar.[241] Die Kritik beschreibt letztlich, was der Begriff der „ontologischen Distanz" aussagen sollte: Die universale Ferne der Phänomenologie, d.h. des neuzeitlichen Wirklichkeitsverständnisses hält uns auf Distanz zum wirklichen Leben; einer Erfahrung der Mächtigkeit des wirklichen Lebens wird so geschickt ausgewichen, es wird *objektiviert*, d.h. die Übermächtigkeit *beherrschbar*. Die ganze anthropogenetische Bemühung, die die jeweiligen Wirklichkeitsbegriffe darstellen, das Übermächtige auf Distanz zu setzen, bricht sich an diesem Punkt, ist hier nicht mehr aufrechtzuerhalten – und dafür ist Kafka in den Augen Blumenbergs ein wichtiger Zeuge:

> Das Sein ist von Transzendenzabgründen zerrissen, nicht nur in den fernsten metaphysischen Bereichen, sondern schon im Nächsten und Alltäglichsten, im Abgeschnittensein des Verstehens von Mensch zu Mensch („Das Ehepaar"). So ist im Sinne des herkömmlichen Anspruches der Objektivität eine Dimension der Erfahrung erschlossen, die nicht obj. ‚ist' und nicht sein „kann", eine nihilistische Dimension, die mit den noch wirksamen Kategorien des neuzeitlichen Seinsverständnisses nicht anerkannt werden kann, in ihrer *Unabweisbarkeit* aber ihrerseits diese Kategorien aus den Angeln hebt, *nihilisiert*.[242]

Vor der Übermacht der Transzendenz zerfällt die Welt zu Nichts. Das Sein, als Träger der *Objektivität* und d.h. der Wissenschaft und Technik, ist aus seiner festen Verlässlichkeit gerissen worden. Der Mensch glaubt sein eigenes Schicksal noch in der Hand zu haben, so wie er durch das Leben geht, aber sie ist ihm bereits entrissen, denn er ist bereits „in den Strudel eines für ihn unfaßlichen Prozesses hineingerissen" worden.[243] Das neuzeitliche Wirklichkeitsverständnis scheitert daran, den Menschen zu begreifen. Es ist der Anspruch der Psychologie, den Menschen als Objekt zu erfassen, aber dieses Menschenbild ist damit zerfallen. Denn wenn Kafka programmatisch vom letzten Mal Psychologie spricht, entspricht dies das letzte Mal Substanz auszurufen. Das Verständnis eines beständigen Seins trifft nicht mehr auf den Menschen zu, der angesichts dieses Zerfalls nicht einmal mehr seine Identität beanspruchen kann, insofern er – eigentlich Bankangestellter, wie in Kafkas *Die Verwandlung* – plötzlich als Insekt aufwachen kann.[244] Die Menschen verstehen im allgemeinen Seinszerfall sich selbst wie die anderen nicht:

> Der Mensch ruht nicht in der Substanz seines Wesens (Faktizität als existentialanalytischer Index der annihilatio des objektiven Seins). Der Mensch erscheint durchschnittlich, anonym; aber das ist nur seine Vorderseite. In einem tieferen Aspekt ist er einzig, ganz und gar allein, der Ungleichste

---

[241] Vgl. Flasch, K., *Hans Blumenberg*, S. 242.
[242] Blumenberg, „Das Problem des Nihilismus in der deutschen Literatur der Gegenwart [Vortrag]", S. 47.
[243] Ebd., S. 47.
[244] Vgl. Flasch, K., *Hans Blumenberg*, S. 242.

unter Ungleichen, die absolute Individualität.[245]

Die Neuzeit begriff ihn einzig als Exemplar und somit Teil eines Prozesses des Subjekts der Menschheit – dies kehrt sich um auf seine „absolute Individualität". Was im bürgerlichen Roman ad absurdum geführt wird, ist die Unendlichkeit der menschlichen Motivation. Das Motiv ist das im eigentlichen Sinne Bewegende menschlichen Daseins. Kafka dreht die Unendlichkeit der Motivation und ihre Aporie vom Quantitativen ins Qualitative um; so ist es bei Kafka nicht die unendliche Komplexion innerer Vorgänge, sondern lediglich ein Ruf von unbekannter Herkunft, der die Qualität *unausweichlicher Dringlichkeit* besitzt. Die Rede ist vom Absoluten, das allerdings nicht fassbar ist und dazu eine niederschmetternde Widerläufigkeit für den Willen des Menschen besitzt.

> Was wir als den nihilistischen Grundvorgang bei Kafka bezeichneten, den Zerfall des objektiven Menschenbildes, das ergreift die ganze Menschenwelt als eine Versachlichung menschlicher Leistung und methodischen Handelns. Der Mensch lebt *vergeblich*, wenn er sein Leben am Maßstabe seiner *Erwartung*, an einem objektiven Maßstabe also, mißt; den Sinn seines Lebens gewinnt er nur im Annehmen seiner einzigen Freiheit: nämlich nichts anderes als er selbst zu sein, nur in der Bahn des einzig an ihn ergangenen Rufes zu bleiben.[246]

Was Blumenberg hier zeigt, ist die Krise des Faustischen im Werk Kafkas. Die Neuzeit fand ihre Selbstgestalt in Johann Wolfgang von Goethes (1749 – 1832) Faustgestalt, bei Kafka vollzieht sich „eine *Wende gegen Faust*" und dies ist die nihilistische Wende.[247] „Das ‚Faustische' [...] ist eine Selektion, ein Filtrat des geschichtlichen Selbstverständnisses einer Epoche aus der Gestalt, die Goethe geschaffen hat."[248] Der Faust der Neuzeit ist für Blumenberg also nicht die genuine Gestalt der Dichtung selbst, aber die Neuzeit hat ihre eigene Reflexion im Bewusstsein, die darin angelegt war. Das erste nachgoethesche Jahrhundert sieht ihre Übereinstimmung wie folgt:

> Ein Jahrhundert, das an Erkenntnis und Können seinem eigenen Willen nichts als endgültig versagt zugegeben hätte, das ein grenzenloses Vertrauen in die beinahe automatische Zuordnung von wissenschaftlich-technischer Anstrengung und Leistung *und* Erlösung von der Schwäche und Hinfälligkeit der menschlichen Natur besaß, glaubte eben in der Faustgestalt sein genauestes Symbol, seine erleuchteteste Selbstdarstellung gefunden zu haben.[249]

Auf der anderen Seite steht Kafka. Dessen Dichtung erscheint Blumenberg als Antipode zu Goethes Faust, dessen zielgerichtetes Streben vermeintlich zur Erlösung führe. Im Fragment

---

[245] Blumenberg, „Das Problem des Nihilismus in der deutschen Literatur der Gegenwart [Vortrag]", S. 48.
[246] Ebd., S. 48.
[247] Ebd., S. 49.
[248] Blumenberg, Hans, „Die Krise des Faustischen im Werk Franz Kafkas", 1951, in: Ders., *Schriften zur Literatur 1945 – 1958*, herausg. v. Alexander Schmitz u. Bernd Stiegler, Berlin 2017, S. 58.
[249] Blumenberg, „Krise des Faustischen im Werk Franz Kafkas", S. 58.

„Das Schloß" zeichnet Kafka eine metaphysische Landschaft, wenn der als Landmesser in das Dorf berufene Protagonist spät abends, umgeben von Schnee und Finsternis lange schauend auf einer Holzbrücke steht und nichts als Leere vernimmt. Das Schloss deutet sich ihm nicht mal an:

> Das Dorf steht unter der Herrschaft des Schlosses, aber nicht nur im Sinne eines sozialen Feudalverhältnisses, sondern im Sinne der totalen Unterwerfung aller, auch der inneren Existenzbedingungen unter diese Souveränität, deren Verfügungen sich jeder Einsicht und Begründbarkeit entziehen.[250]

Obwohl er es nicht sehen kann und somit von der Herrschaft des Schlosses nichts weiß, blickt er in die Leere in dem „Bewußtsein, bereits die entscheidende Richtung seiner künftigen Existenz zu spüren."[251] D.h. er hat einen selbstverständlichen Anspruch, dort Recht und Heimat zu finden. Doch der rationale Zusammenhang von Streben und Erfolg, Leistung und Ertrag, der für ihn zu selbstverständlich erscheint, wird von der Willkürmacht des Schlosses zerstört. Darin lösen sich die Realitäten, das Selbstverständliche, auf und alle Normen werden sinnlos. Das Problem des Landmessers besteht darin, die „Welt in der man lebt, als Ganzes nicht zu verstehen, nicht anzuerkennen".[252] Insofern bleibt er der Fremde, da er die wesentliche Struktur des Schlosses stellt, sich nichts schenken lassen will und stets bemüht, d.h. selbst ausschließt. Seine Fremdheit ist das „Selbstmißverständnis des Menschen hinsichtlich seiner Möglichkeiten in der Welt, letztenendes hinsichtlich seiner Freiheit."[253] Die reinste Ideation dieses Selbstverständisses ist das Faustische. Eine partielle, faktische Erfahrung wird zu einer totalen *Selbstverständlichkeit* erhoben, sprich eine Erfahrung quasi durch ein einzelnes *Experiment* zur *Objektivität*, d.h. zur Wirklichkeit erhoben:

> Es ist die entscheidende Tat der Neuzeit, daß sie die Welt als gesetzlichen Zusammenhang zu begreifen versuchte und daß sie von dem ständig wachsenden Bereich der gesetzlich formulierten Erkenntnis aus den ganzen Raum der Lebenspraxis neu gestaltet hat, eine Neugestaltung, die wir unter dem Begriff der „Technik" zusammenfassen.[254]

Der Landmesser bei Kafka spricht von einer schweren Aufgabe, der er sein ganzes Leben gewidmet hat. Eben an diesem fundamentalen Missverständnis, diesem *objektiven* Maßstabe seiner Erwartung, an dem er sein Leben misst, bricht er erschöpft zusammen. „*Nicht Faust, sondern Sisyphos ist die mythische Figur des Nihilismus*: der Verdammte der Vergeblichkeit."

---

[250] Blumenberg, „Krise des Faustischen im Werk Franz Kafkas", S. 60.
[251] Ebd., S. 60.
[252] Ebd., S. 61.
[253] Ebd., S. 61.
[254] Ebd., S. 61f.

In der Ankündigung des *Absoluten* zerbricht die gewohnte Welt als *Paradox*: „Dieses Paradox als Kennzeichen des *Absoluten* ist die Grunderfahrung der Kafkaschen Gestalten".[255] Kafka bezeichnet eine Zerstreuung in drei Welten: In der einen steht das Individuum, das der Herrschaft des Absoluten und den von ihm auferlegten Gesetzen unterworfen ist und in der anderen das Absolute selbst, beschäftigt mit der Regierung, doch diese Welt ist dem Individuum unerreichbar fern.[256] Eine dritte Welt besteht abseits dieses Dramas der Transzendenz, in der die Menschen glücklich und frei von Befehlen und Gehorchen leben. Blumenberg deutet diese Beschreibung Kafkas als „die säkularisierte Sphäre der neuzeitlichen bloßen Immanenz, der eindimensionalen Diesseitigkeit."[257] Sie verschärft das Drama, „indem sie ein trügerisch-unerreichbares Glücksbild der Gleichgültigkeit des Absoluten hinzubringt", denn darin wird der Schmerz bewirkt, wenn man plötzlich dem *Absoluten* ausgesetzt wird.[258] Man wird willkürlich herausgegriffen und in den Prozess der Transzendenz verwickelt und gerichtet. Darin besteht die Erschütterung, die Kafkas literarische Gestalten vernehmen, wenn sich aus der Isolation der dritten Welt durch das *Absolute* herausgerissen werden, ihre immanente Konsistenz gebrochen wird:

> Kafka beschreibt nicht eine religiöse Welt, aber auch nicht das reine Gegenteil; er beschreibt das Neue und Einzigartige einer Welt, die sich in ihrer Immanenz ganz erfüllt und absolut setzt und in der es doch noch in furchtbarer Einsamkeit, unter dem Stigma des Ausgeschlossenseins das Drama der „Erwählung", des „Herausgegriffenseins" gibt – doch die Würde dieser Begriffe hat sich ins Gegenteil verkehrt, sie bezeichnen Qual, Scham, Schuld, Erniedrigung.[259]

Die Gestalten sehen allerdings nur dieses Kennzeichen, während sich das *Absolute* immer in der indirekten Reflexion zeigt. Bei Kafka ist die Welt, in die er den faustischen Menschen stellt, von einer absoluten Souveränität durchzogen. Sie zeigt sich nicht, ist im Sinne des schauenden Landmessers nicht von einem Lichtschein berührt, in seinem Wesen somit nicht eindeutig sichtbar. Das Normale, Berechenbare und Einsichtige wird in diesem Spannungsfeld aber immerzu durchbrochen. Die Wirklichkeit besitzt somit einen Doppelboden: „Die scheinbar so verlässige alltägliche Welt ist *doppelbödig*, in jedem Augenblick bedroht von einer stärkeren, ihr zugrunde liegenden Wirklichkeit."[260] Die Erscheinungswelt ist kein sicherer Existenzgrund

---

[255] Blumenberg, „Das Problem des Nihilismus in der deutschen Literatur der Gegenwart [Vortrag]", S. 49.
[256] Dieses transzendentale Verhältnis erklärt Blumenberg anhand Kafkas selbst und seinem „absoluten" Vater, siehe hierzu im: Kapitel 3.2.1.
[257] Blumenberg, Hans, „Der absolute Vater [Aufsatz]", 1953, in: Ders., *Schriften zur Literatur 1945 – 1958*, herausg. v. Alexander Schmitz u. Bernd Stiegler, Berlin 2017, S. 113.
[258] Ebd., S. 112.
[259] Ebd., S. 113.
[260] Blumenberg, „Die Krise des Faustischen im Werk Franz Kafkas", S. 64.

und somit sind die Grundlagen und Bedingungen der Erfahrung entwurzelt, sodass die *Selbstverständlichkeit* der eigenen Identität zum Insekt werden kann. Das ist die nihilistische Situation bei Kafka: „[E]ine Welt zerfällt ins Nichts an neuen, zerstörerischen Erfahrungen, aber diese Erfahrungen enthalten das neue Sein, das sie anzukündigen scheinen, in einer *unerträglichen Verborgenheit*, von der die ratlose Zeit nicht weiß, ob sie Leere oder Fülle verbirgt."[261] Die Grunderfahrungen des Nihilismus sind Erfahrungen des *Inobjektiven*, d.h. von dem, was sich dem neuzeitlichen Anspruch universaler *Objektivierung* nicht mehr unterwerfen lässt. Das ist „1. die Einzigkeit und Ferne des *anderen Menschen*"; Blumenberg hebt die Existenzphilosophie hervor, die sich ausführlich mit dem „wirklichen Menschen" in Opposition zu dem bloßen Exemplar der Gattung vernunftbegabter Wesen, das Objekt der Psychologie war, beschäftigt.[262] „2. Die *Geschichte* als ein unableitbares, in sich letztes Geschehen"; die Versuche, das geschichtliche Leben nach den Prinzipien von Ursache und Wirkung aufzulösen und zu erklären, sind für Blumenberg gescheitert – besonders Heidegger wird hervorgehoben, der die Geschichte in den *Holzwegen* deshalb als ein „Geschehen des Seins", d.h. als eine irreduzible Gegebenheit aufzufassen versucht.[263] Und schließlich „3. die Wirklichkeit der *Transzendenz* als einer rational nicht auflösbaren, aber doch unausweichlichen, zum Gehorsam zwingenden Instanz"; auf dieser Erfahrung gründen – so Blumenberg – die Antriebe, die die Theologie der Gegenwart erfahren hat.[264] Es ist die Aufgabe der Dichtung wie der Philosophie, in einer positiven Auseinandersetzung mit dem Nihilismus „ein Verstehen von Wirklichkeit vorzubereiten, das die ruinanten *Erfahrungen* des letzten halben Jahrhunderts aufzufangen und im Horizont *einer* Welt zu befassen vermag."[265] Die Welt zerfällt in neuen Erfahrungen, die aber das neue Sein anzukündigen *scheinen*, doch eben das weiß der Haltsuchende nicht; es ist ungewiss, ob die *Leere Fülle* zu bringen vermag – darin liegt die Problematik des Nihilismus: „*Leere oder Fülle* – das ist das Grundproblem des geschichtlichen Ereignisses, das wir den modernen Nihilismus nennen."[266] Was bedeutet dies nun für die Wirklichkeit?

---

[261] Blumenberg, „Das Problem des Nihilismus in der deutschen Literatur der Gegenwart [Vortrag]", S. 49.
[262] Ebd., S. 53.
[263] Ebd., S. 53f.
[264] Ebd., S. 54.
[265] Ebd., S. 45.
[266] Ebd., S. 49f.

2.5 Modernes Wirklichkeitsverständnis

Kafka hat gezeigt, dass wir keine zuverlässige Wirklichkeit zugänglich haben, insofern ihr Boden sich als löchrig erweist. Das eröffnet die Frage, ob wir denn überhaupt eine Wirklichkeit erreichen können. Im neuzeitlichen Wirklichkeitsverständnis ist keine Offenbarung, keine letztmögliche Evidenz am Ende des Prozesses der *Forschung* auffindbar. Blumenberg liefert eine interessante Metapher für den Prozess der „Aufklärung, die von der nackten Wahrheit mit allen ihren Implikationen der Entkleidung und der hinter allen Entkleidungen und Verkleidungen verbleibenden Substanz, sich in ihrer eigenen Fortsetzung aufgelöst hat."[267] Sie basiert auf einer Notiz Arthur Schopenhauers (1788 – 1860) aus dem Jahre 1813. Darin schreibt er von der Ankleidung Gottes mit allerhand Qualitäten. Die Aufklärung hat sich zur Aufgabe gemacht, ihn wieder Stück für Stück zu entkleiden *„und man zöge ihn gern ganz aus, wenn nicht der Skrupel wäre es möchte sich dann ergeben, daß bloß Kleider wären und nichts drin."*[268] Es ist die Methode der Negation, dass mit der Destruktion der Illusionen, Erfindungen und Tröstungen der „Restbestand der geschichtlichen Wirklichkeit unversehrt zutage" gefördert wird.[269] Denn während im Mittelalter die Täuschung nur von außen vermutet wurde, tritt in der Neuzeit die Idee einer *Selbsttäuschung* zutage. Das setzt bereits bei Descartes ein, dem es – so Blumenbergs Deutung – primär um die Frage ging, „wie zuverlässig es sei, daß überhaupt eine Welt existiere."[270] Dieser zum Inbegriff der Bedrohung des Menschen potenzierten Irrtum stellt als Problem Auswege; der einfachste ist die Ausblendung der Existenz dieser Ohnmacht, an der nichts zu ändern wäre, die eventuell keinen Nachteil bedeute, wenn es sie gäbe, was die meisten Philosophen wie auch Descartes zu verachten wissen. In Descartes Versagen des Vertrauens, dass schon die Schöpfung eine Stufe von garantierender Gottesmitteilung und Wahrhaftigkeitswillen sei, besteht schon eine Form der Selbstirritation. Zwar ist darin noch nicht der Grundtypus der Selbstirritation gedacht, als Konsequenz erscheint der Mensch aber „als von seinen Wünschen sowohl beherrschte[s] als auch betrogene[s] Wesen".[271] Die Wirklichkeitsbeziehung des Menschen ist durchzogen von der Intensität seiner Wünsche, aber der Wunsch „definiert seinerseits, was Realität und Realismus sind: Negationen der Herrschaft

---

[267] Blumenberg, RR, S. 74.
[268] Schopenhauer, Arthur, *Der handschriftliche Nachlaß*, Bd. I, Frankfurt a.M. 1966, S. 41, zit. nach: Blumenberg, RR, S. 74.
[269] Blumenberg, RR, S. 74.
[270] Ebd., S. 106.
[271] Ebd., S. 107.

des Wunsches."[272] Hier wirkt dann *Selbsttäuschung*: Illusionismus wird zum „Ausstattungsstück der Kultur".[273] Die Sublimierung der Wünsche schützt dann präventiv vor dem Grundkonflikt, in dem die Wünsche mit der Enttäuschung konfrontiert werden; in den widerständigen Erfahrungen kündigt sich erst ein Realitätsbewusstsein an, die Kultur ist damit der Inbegriff der Abschirmung gegen diese Fremdversagungen. Das ist so nicht nur für das libidöse Triebtier Mensch, sondern auch für das Vernunftwesen der Fall; es ist das *ens perfectissimum* der Vernunft: „Die Vernunft täuscht sich selbst, weil sie Vernunft ist."[274] Sie gibt die Ansprüche vor, die die Grenzen der Erfahrung überschreiten. Dieser hohe Anspruch ohne Evidenz ist, was den neuzeitlichen Wirklichkeitsbegriff ausgemacht hat; aber „Evidenz steht gegen Konsistenz".[275] Die Lust ist das Symptom einer sich erfüllenden Konsistenz, aber dieses Erfüllungsmoment war zwar im neuzeitlichen Anspruch gedacht, aber im unendlichen Prozess nie faktisch; der Restbestand der Wirklichkeit war nie das Ergebnis der Entkleidung. Blumenberg verdeutlicht dies am *Zwiebelschalenmodell*, das er von Henrik Ibsen (1828 – 1906) auf dessen Helden im *Peer Gynt* von 1867 angewendet sieht:

> „Man prüfe alles – und halte das Beste fest", da geht ihm am Schälen einer Zwiebel auf, daß dies Rezept nicht selbstverständlich und notwendig Geltung habe. *Das nimmt ja kein Ende! Lage um Lage! Tritt denn der Kern nicht endlich zutage? Nein, soll man es glauben – da ist gar keiner! Nichts als Schalen – nur immer kleiner und kleiner!*[276]

Man geht auch in der Neuzeit noch von der Evidenz aus, an der man merken wird, wann das Ziel der nackten Wahrheit, der wahre Kern, erreicht sei. Insofern ist man auch da noch verhaftet an den Wirklichkeitsbegriff der *momentanen Evidenz*. Nun hat sich die Absurdität dieses Gedankens an *Erfahrungen* bewiesen und die Bedeutung des *Paradox'* offenbart: „Schmerz [ist] das Symptom des Auflaufens im Vollzug auf die Klippe, das Riff im Strom, der Verletzung durch Realität als das Unvermutete, sogar Unwahrscheinliche, indem es allen Anschein durchbricht."[277] In den Erfahrungen des Widerstandes kündigt sich ein neuer Wirklichkeitsbegriff an:

> In diesem Wirklichkeitsbegriff wird die Illusion als das Wunschkind des Subjekts vorausverstanden, das Unwirkliche als die Bedrohung und Verführung des Subjekts durch die Projektion seiner eigenen Wünsche, und demzufolge antithetisch die *Realität als das dem Subjekt nicht Gefügige*, ihm

---

[272] Blumenberg, RR, S. 107.
[273] Ebd., S. 107.
[274] Ebd., S. 108.
[275] Ebd., S. 111.
[276] Ebd., S. 74f.
[277] Ebd., S. 111.

Widerstand Leistende, [...] in letzter Zuspitzung in der logischen Form des *Paradoxes*.[278]

Die Wirklichkeit ist demnach das, was keine Verbindung zu irgendeinem Wunsch hat, d.h. vollständig unverdächtig irgendeines Lusterfolges ist. Erst was uns schmerzlich berührt, wird als real wahrgenommen und trifft damit die anfängliche Definition von Wirklichkeit, die dem nihilistischen Widerfahrnis gleicht. Dieser Wirklichkeitsbegriff ist definitiv anderer Art als die vorigen, insofern die Realität darin „nicht so sehr Instanz als vielmehr Gegeninstanz" ist.[279] Es muss damit auch deutlich geworden sein, dass dieser Wirklichkeitsbegriff auch in die Neuzeit gehört, in der das Unerwartete erwartbar wurde, d.h. Teil des Wirklichkeitsverständnisses wurde, während hier das Widerständige dieses Unerwartete ist – die Neuzeit ist für Blumenberg möglicherweise schon keine Epoche eines einzigen Wirklichkeitsverständnisses.[280] Die Unsicherheit über nur ein Wirklichkeitsverständnis, d.h. eine Verbindlichkeit und die Eigenschaft des modernen Wirklichkeitsverständnisses als in gewisser Weise bodenlos bzw. es stellt keinen wirklich gewissheitlichen Boden dar – um weiter in der Boden-Metaphorik zu bleiben – markiert einen kritischen Mangel. Was sich daraus ableiten lässt, ist sowohl die Funktion, die Wirklichkeitsverständnisse jederzeit hatten, aber es eröffnet sich hier auch der entscheidende Problemhorizont.

2.5.1 Der moderne Wirklichkeitsbegriff über die Funktion von Wirklichkeitsbegriffen

In einem interessanten Vergleich Blumenbergs macht sich ein Grundzug deutlich, der die positive Funktion in den Wirklichkeitsverständnissen aufzeigt. Wir vernehmen dies über ein modernes Äquivalent des Höhlengleichnisses Platons:

> Ludwig Wittgenstein hat einmal den Philosophen mit einem Menschen verglichen, der sich in einem Zimmer befindet und einer Wand gegenübersteht, auf der eine Anzahl von Türen aufgemalt sind. Er versucht nacheinander, diese Türen zu öffnen, um durch sie aus dem Zimmer ins Freie zu gelangen; aber natürlich vergebens. *Die* Tür, die wirklich ins Freie führt und die sich mühelos öffnen ließe, liegt im Rücken dieses Menschen, aber er weiß nichts von ihr. Er brauchte sich nur umzudrehen, nur den Blick von den aufgemalten Scheintüren abzuwenden, und der Weg zum Wirklichen wäre für ihn geöffnet. Aber eben das ist das Schwerste.[281]

Wieso dieser Mensch die Möglichkeit nicht ergreift, sich umzudrehen, beantwortet Wittgensteins Parabel nicht; Blumenberg nimmt an, dass ihm dies zu selbstverständlich sei. Über den Unterschied zum Höhlengleichnis wird es aber deutlich; dort sind die Insassen als am

---

[278] Blumenberg, „Wirklichkeitsbegriff und Möglichkeit des Romans", S. 53.
[279] Blumenberg, RR, S. 111.
[280] Vgl. Sommer, M., „Wirklichkeit", S. 376f.
[281] Blumenberg, RR, S. 13f.

Nacken gefesselt beschrieben, d.h. sie können sich nicht von den Schatten bzw. Erscheinungen abwenden und die realen Vorgänge im Rücken wahrnehmen. Blumenbergs Interpretation erkennt daraus eine zutiefst geschichtliche Eigenheit:

> Es gibt so etwas wie ein Moment der Trägheit im Wirklichkeitsbezug des Menschen, eine vordergründige Beharrung, die aller Tradition die Doppeldeutigkeit von Bewahren und Festklammern gibt. Vernunft ist der Widerpart dieser Trägheit, in einem Gegenspiel, das deshalb nie zur Ruhe kommt, weil der Wirklichkeitsbegriff, der die eigentliche Instanz der kritischen Funktion der Vernunft ist, Geschichte hat.[282]

Blumenberg kritisiert den Philosophen wie Wittgenstein in seinem Beharren. Der Wirklichkeitsbegriff hat Geschichte, insofern Wirklichkeit aufgrund seiner Selbstverständlichkeit nie als dieses verstanden ist bzw. „mit geschichtlicher Unausbleiblichkeit zu spät verstanden wird".[283] In seiner Trägheit klammert der Philosoph sich jedoch an das Werkzeug der Sprache. Doch was uns gefangen hält, ist kein „aus der Sprache rhetorisch hergestelltes, demagogisch fungierendes Gebilde", sondern „die Sprache selbst."[284] In Blumenberg kommt der Metaphorologe hervor, wenn er die genutzten Metaphern vergleicht, die ein Umgang mit der Sprache beschreiben. Während die Metaphorik für die Gefangenschaft der Sprache bei Nietzsche „noch lockerer und luftiger" war, nämlich als *Netz*, in dem man doch bloß zappeln würde, spricht Wittgenstein gesteigert von einer *Sprachwand*, bei deren Anrennen man sich *Beulen* zuziehe. Jene Gefangenschaft bei Nietzsche ist keine bloße Unfreiheit, vielmehr offenbart sich hier schon die schützende Funktion von Wirklichkeitsverständnissen, wie sie auf der Sprache fundieren. Indem vergessen wird, dass es sich bei der Sprache um bloße Metaphorik handelt, sodass man glaubt, die Sprache verweise und greife das *An-sich-Sein* der von ihr bezeichneten Dinge, sichert der Mensch sich in dieser Dingwelt seine *Lebensfähigkeit*. Bei Nietzsche lässt sich dies in folgendem Zitat erkennen, wo die Metapher der Netze schon zur Wand umgeformt wurde: „[W]enn er einen Augenblick nur aus den *Gefängniswänden dieses Glaubens heraus könnte, so wäre es sofort mit seinem ‚Selbstbewusstsein' vorbei.*"[285] Wittgensteins Beulen verkörpern den Wirklichkeitsbegriff der Moderne; hier wird der *Widerstand* bis zum Schmerz zum Indikator der Realität: „Die Ergebnisse der Philosophie sind die Entdeckung irgendeines schlichten Unsinns und Beulen, die sich der Verstand beim Anrennen an die Grenze der Sprache geholt hat. Sie, die Beulen, lassen uns den Wert der

---

[282] Blumenberg, RR, S. 14.
[283] Ebd., S. 13.
[284] Ebd., S. 48f
[285] Nietzsche, Friedrich, *Vorarbeiten zu einer Schrift über den Philosophen (1872/73, 1875) (Musarion-Ausg.) VI*, München 1922, S. 84f., zit. nach: Blumenberg, RR, S. 50.

Entdeckung erkennen."[286] Dass wir von der letzten Wirklichkeit geschützt werden bzw. von der Kreation der Philosophie – dasselbe sagte schon der Begriff der *ontologischen Distanz* –, konnte in der Antike unmöglich gedacht werden; Blumenberg schlussfolgert, dass ihr dies als endgültige Sinnlosigkeit erschienen wäre. Erst die moderne, retrospektivische Position, in der wir uns befinden oder vielmehr in die wir geraten sind, ermöglicht diese Erfahrung.

3. Der moralische Aspekt des Nihilismus

Warum ist eine Betrachtung von Wirklichkeit nun so wichtig oder umgekehrt: Warum ist die neuzeitliche Gewissheitskrise ein so fundamentales Problem der Gegenwart? Weil unser bloßes In-der-Welt-sein und Handeln in ihr auf der sprachlich faßbaren Wirklichkeit basiert. Dieses Gefängnis erfüllt eine Funktion, die menschliche *Lebensfähigkeit* zu wahren. Die Formen der Distanz sind Handlungen gemäß dieser *Lebensfähigkeit*; der Nihilismus ist für Blumenberg dann insofern ein Problem, als er Bedrohung der immanenten Wirklichkeitsbezüge als Verfall, als Sturz ist. Es geht also um eine fundamentale Frage der Philosophie, mehr noch um *die* Frage der Ethik: Was soll ich tun? Über die Frage nach dem *Sollen* definiert sich Ethik. Die Signifikanz der Frage nach dem Sollen besteht gerade darin, dass wir an einem Punkt stehen, von dem aus wir geschichtliche Retrospektive leisten können, d.h. die Erfahrung der *Geschichtlichkeit* haben. Indem der Nihilismus den selbstverständlichen Wirklichkeitsboden entreißt, folgt in einem zweiten Schritt der moralische Aspekt: „Die *Werte und Normen*, immer nur so weit *‚verbindlich‘*, als sie mit einer fraglosen Wirklichkeit handelnd und gestaltend *‚verbunden‘* werden können, verloren ihren Ernst."[287] In diesem zweiten Schritt wird uns die Bedrohung zuerst spürbar. Die Erkenntnisse des Nihilismus verlangen, nach dem Handeln in der Welt zu fragen. Der Nihilismus ist viel größer als nur die moralische Komponente, der Hinfall religiöser Bindungen, als die er begann. Aber der *moralische Nihilismus* ist eben ein spürbarer Aspekt der *Krisis der Neuzeit*, der Krise der Wirklichkeit. Jene „Depotenzierung der Bindungen und Normen" zeigt leidglich den Zerfall des Grundes von Wirklichkeit an.[288] Aber eben darauf begründet sich deren Verbindlichkeit: „Nur Wirklichkeit kann den Menschen auf ein Sollen hin stellen, nur in der Dichte und Unaufhebbarkeit ihrer Selbstbezeugung können Werte, Ziele, Sinngehalte als verpflichtend erfahren werden."[289] Die Verankerung von Werten

---

[286] Wittgenstein, Ludwig, „Philosophische Untersuchungen", in: Schriften I, Frankfurt a.M. 1960, S. 344, zit. nach: Blumenberg, RR, S. 49.
[287] Blumenberg, „Das Problem des Nihilismus in der deutschen Literatur der Gegenwart [Vortrag]", S. 45.
[288] Blumenberg, OD, S. 5.
[289] Ebd., S. 5.

und Normen, aus denen sich ein Sollen ableiten ließ, ist selbst dem geschichtlichen Prozess unterworfen und im Nihilismus, d.h. in der Erschütterung des Bodens von Wirklichkeit, angegriffen. Indem die Wirklichkeitsbegriffe ihre Funktion in der Erhaltung der Lebensfähigkeit besitzen, sind sie Fundamente des Überlebens. Selektiv wird der überwältigende Absolutismus entmächtigt, indem nur Aspekte herausgenommen werden und sich daraus ein fassbares Verständnis von Wirklichkeit bildet.

> Wirklich ist, was nicht unwirklich ist. Diese Formel verweist auf den Umweg über das, was jeweils unter der Schwelle nicht so sehr der Wahrnehmbarkeit als vielmehr der Wahrnehmungswürdigkeit, der Beachtbarkeit, der Einkalkulierbarkeit liegt.[290]

Die Wirklichkeitsbegriffe funktionierten gemäß der *actio per distans*, aber der moderne Wirklichkeitsbegriff ist davon zu unterscheiden. Er beruht auf der Erfahrung des nihilistischen *Widerstandes* – die Distanz verkürzt sich bis zum *Widerstand*. Das ist vielmehr der Gegensatz von Ferne. Wir finden bei diesem Wirklichkeitsbegriff nicht die Verbindlichkeit bzw. Ablesbarkeit in einem transzendenten, geordneten Kosmos. Wie lässt sich in dieser bodenlosen Wirklichkeit ein ethischer Kompass manifestieren? Blumenbergs Lösung geht wie schon seine Kritik am neuzeitlichen Wirklichkeitsverständnis von der *Faktizität des Daseins* aus. Dies sei die Grundlage seiner ethischen Überlegungen, die ihre Methodik in Begriffen wie „Überleben" oder „Selbsterhaltung" hat. Dafür muss zuerst die Verbindung von Ethik und Metaphysik, also die ursprüngliche *Verbindlichkeit* einer Ethik untersucht werden.

3.1 Der Bruch der Verbindlichkeit von Ethik

In dessen Artikel „Ist eine philosophische Ethik gegenwärtig möglich?" von 1953 widmet sich Blumenberg dem ethischen Thema, dem er in seiner weiteren philosophischen Laufbahn durchgehend ausweichen wird. Dazu erklärt er einleitend den Grundzug abendländischer Tradition, zwischen dem Faktisch-Realen und dem Notwendig-Idealen zu unterscheiden: „Der frühe Philosoph stellt das wirkliche Denken und Handeln der Menschen in ihrem Eigen-Sinn der Allgemeingültigkeit des Logos gegenüber und gewinnt so eine für alle verbindliche Norm."[291] Dieses Verständnis *einer* Ethik, das Blumenberg aus Heraklit bezieht, findet eine Norm, bezogen auf die Singularität und Universalität des Kosmos, der von *einem* Logos durchzogen ist; diese Singularität überwiegt der Pluralität verschiedener Bewusstseins. Das

---

[290] Blumenberg, RR, S. 39.
[291] Blumenberg, Hans, „Ist eine philosophische Ethik gegenwärtig möglich?", in: *Studium Generale* 6 (1953), S. 174.

Denken hat zum Ziel, zu den letztgültigen Wahrheiten und Prinzipien vorzudringen; es wirkt hier das Wirklicheitsverständnis der *momentanen Evidenz*, in dem die Evidenz des erfahrbaren Logos allgemeingültig ist und somit auch die Ethik allgemeingültig begriffen wird. Das als rein und unbedingt erkannte Seiende hat den Wert des Ideals – als ein Gutes *soll* es sein: „Insofern *ist* das Wahre in letzter Instanz nichts anderes als das Gute, das Sein auch das Sollen, wie Plato dadurch sinnfällig macht, daß er in der Ordnung der Ideen dem Guten den höchsten Rang anweist."[292] Der Logos ist insofern „der Inbegriff möglicher Bindung."[293] Dessen Sollen ist kosmischen Ranges, d.h. universal gültig, sprich alles Seiende unterliegt ihm:

> Wie der Logos sozusagen alles Seiende in seiner Bestimmung „hält", die in dem liegt, was je ihm wesentlich zukommt, so ist er auch für das sich selbst verwirklichende Wesen des Menschen „verbindlich", ist der Grund jedes νόμος, jeder ἀρετή. Sein ethischer Sinn ist die κοινωνία von Willen und Seinsordnung, wie sein logischer die von Erkennen und Seinsstruktur ist.[294]

Während andere Wesen ihre Stelle kraft der Natur, also von selbst einnehmen, verwirklicht der Mensch als vernünftiges Wesen seine kosmische Gestalt aus Einsicht und Willen.[295] Der Mensch erfüllt dies in vielfacher Weise, aber wesentlich für die Fragestellung „als Form des Handelns im ethischen Sinne."[296] Der Logos als gestaltendes Prinzip des Kosmos wird so auch „zum Organ der Einordnung des Menschen in den Kosmos durch Erkennen und Handeln."[297] Die Freiheit des Menschen vermag die Verbindlichkeit zu entreißen und gefährdet damit dessen Wesensverwirklichung; die muss deshalb an den sich sichtbar als Kosmos bezeugenden Logos gebunden werden. Erst in dieser Einstimmigkeit mit der Weltordnung kann dem Menschen εὐδαιμονία zuteilwerden. Sie ist „das rechte, wesensmäßige Sich-Befinden, die Erfüllung seiner Natur, die ihm nicht ‚von Natur', sondern durch Freiheit erreichbar ist."[298] Es ist dieser Wohlstandsbegriff, der das klassische Prinzip der Ethik bis Kant vorgegeben hat. In der Antike hat die εὐδαιμονία also ein objektives Fundament und ist dementsprechend nur ein subjektiver Aspekt des Prinzips der Ethik als „die Art und Weise, wie sich die *objektiv* rechte Befindlichkeit des Menschen im Kosmos ganz selbstverständlich ins Bewußtsein projiziert, also *subjekiv* ‚wiederholt' als Zustand der Zufriedenheit und Erfüllung."[299] Dabei ist nicht entschieden, ob

---

[292] Blumenberg, „Ist eine philosophische Ethik gegenwärtig möglich?", S. 174.
[293] Blumenberg, OD, S. 41.
[294] Ebd., S. 41.
[295] Der Mensch ist zwar ein vernünftiges Wesen, aber nicht allein oder von ausgezeichnetem Rang, wie Blumenberg klarstellt.
[296] Blumenberg, „Ist eine philosophische Ethik gegenwärtig möglich?", S. 174.
[297] Ebd., S. 174.
[298] Ebd., S. 174f.
[299] Ebd., S. 175.

diese Einstimmigkeit diesseitig oder jenseitig ist. Der entscheidende Sprung vollzieht sich in der Isolierung des subjektiven Moments und im Verlust des objektiven Fundaments. Unter dem Begriff „Glückseligkeit" wird die εὐδαιμονία zum subjektiven Prinzip der Ethik potenziert.

Diesen Sprung lokalisiert Blumenberg am ausgehenden Mittelalter im Übergang zur Neuzeit, denn hier liegt das Moment, „wo dem Schema der Einstimmigkeit der Boden entzogen wird, wo also weder die Welt als kosmische Ordnung noch Gott als seinen Willen Offenbarender der menschlichen Freiheit einen verpflichtenden Bezug darbieten."[300] Während das Früh- und Hochmittelalter die kosmische Grundvorstellung übernahmen und ihren Ursprung in den schöpferischen Willen Gottes – somit universal verpflichtend – legten, zerstörte sich diese Konzeption im Spätmittelalter; hier gibt es zwischen dem sündigen Menschen und der gottgeschaffenen Welt keinen Bezug der Wahrheit noch eine verpflichtende Bindung. Die Beziehung kehrt sich insofern um, dass der Mensch seine Glückseligkeit *gegen* diese Welt erringen muss:

> Der Mensch der Neuzeit hat weder eine Welt, deren gegebene Ordnung ihm verbindlich sein könnte, noch einen Gott, dessen Wille ihm deutlich und verpflichtend wäre; und so wird ihm die Glückseligkeit, die bis dahin nur das subjektiv bestätigende und erfüllende *Zeichen* einer objektiven Einstimmigkeit gewesen war, nun selbst zum einzigen und alleinigen *Ziel* und Prinzip einer immanenten Ethik.[301]

Die gesteigerte Isolation des subjektiven Moments in der *Glückseligkeit* als ethischem Prinzip führt zu diesem Gegensatzverhältnis, was zuvor noch eine Abhängigkeit war – „gegen jede Möglichkeit [ge]richtet, von der Welt in der Erreichung der Glückseligkeit abhängig zu sein."[302]

3.1.1 Ethik nach kantischer Freiheit und ihre gegenwärtige Möglichkeit

Immanuel Kants (1724 – 1804) Kritik der *eudämonischen Ethik* setzt bereits den Sprung in der Geschichte des Begriffs „Glückseligkeit" voraus. Das Fundament dieser Ethik, nämlich die Eingliederung des Menschen in eine verpflichtende absolute Seinsordnung oder die Gegenüberstellung des Menschen zu einem gegenwärtigen göttlichen Gebot, sind hier bereits irreparabel zerstört: „Diese geschichtliche Unwiederholbarkeit muß für das Problem einer philosophischen Ethik in unserer Epoche klar gesehen und vorausgesetzt werden."[303] Diese Ausgangslage habe Kant Blumenberg zufolge begriffen; er versuchte den Mangel des

---

[300] Blumenberg, „Ist eine philosophische Ethik gegenwärtig möglich?", S. 175.
[301] Ebd., S. 175.
[302] Ebd., S. 175.
[303] Ebd., S. 175.

eudämonistischen Prinzips, d.h. eine Wirklichkeit als Kosmos, mit der „Vernunft *als* Freiheit" auszugleichen: „Damit hat er den seit der Antike bestehenden Verdacht, die Freiheit sei das Prinzip des Chaos, zerstreut und gezeigt, daß sie vielmehr das einzig mögliche Prinzip einer moralischen Ordnung ist."[304] Der Begriff der „Freiheit" erschien im antiken Verständnis die Seinsordnung zu bedrohen, erhielt dort mehr die Konnotation als „Gefahr der Willkür und Unordnung".[305] Der Begriff der Freiheit braucht unbedingt genauer untersucht zu werden und wird sich dann für Blumenberg als primär erweisen. Um Kants Verständnis dieses Begriffes nachzuvollziehen, hebt Blumenberg die geschichtliche Entwicklung der Entdeckung des Rationalismus des 18. Jahrhunderts hervor, die Kant vorausging. Darin erlaubt es der Begriff des „Gesetzes", „die physische *und* die moralische Welt in *einem System* zusammenzufassen."[306] Beide werden als Natur begriffen, d.h. als Existenz unter Gesetzen definiert. Die Faszination der Entdeckung der Naturgesetze schwappt auf den moralischen Bereich über; die Naturgesetze machen aus der Fülle des Seienden ein Ganzes und so sollen die moralischen Gesetze „das Verhalten jedes einzelnen Menschen so bestimmen, daß er sich wie das Glied eines schon geordneten Ganzen begreift".[307] Demgemäß funktioniert Kants kategorischer Imperativ, der „aus dem Chaos der Freiheiten aller einzelnen de[n] rationale[n] Kosmos aller" schafft.[308] Der eben Imperativ ist nicht ein Gesetz im selben Sinne wie das Naturgesetz, sondern zum Imperativ depotenziert, denn insofern der Mensch ein Wesen nur angewandter Vernunft in einem inadäquaten Medium und kein reines Vernunftwesen ist, kommen Sein und Sollen in ihm nicht zur idealen Einheit. So kommt das Naturgesetz der Vernunft im Medium des handelnden Menschen nicht zur *reinen* Aktion. Die Vernunft ist nicht der alleinige Bestimmungsgrund des menschlichen Willens, weshalb es zum Widerstreit zwischen der Freiheit *als* Vernunft und der Freiheit *als* Willkür kommen kann. Der Mensch hat die *Pflicht*, diesen Mangel des Imperativs wieder auszugleichen, indem die subjektiven Prinzipien des Handelns, sprich *Maximen*, mit dem Gesetz einer Natur aus Vernunft zur Einstimmigkeit gebracht werden, sprich der Prüfung der Maximen als potenziell allgemeines Gesetz. Damit zeigt sich im *kategorischen Imperativ* eine Bestimmung der Freiheit wie folgt:

> [D]er kategorische Imperativ ist die Formel für die Einsicht, daß die Freiheit sich einzig und notwendig nur als sich selbst beschränkende wahrt. Soll nämlich Freiheit zum Prinzip einer

---

[304] Blumenberg, „Ist eine philosophische Ethik gegenwärtig möglich?", S. 175.
[305] Ebd., S. 174.
[306] Ebd., S. 175.
[307] Ebd., S. 176.
[308] Ebd., S. 176.

allgemeinen und bleibenden Ordnung gemacht werden – und nur dies kann eine moralische Ordnung sein –, dann muß der einzelne den Spielraum seiner Möglichkeiten so weit begrenzen wie notwendig ist, um das Maß der von ihm in Anspruch genommenen Möglichkeiten zum Maße aller zu machen.[309]

Blumenberg erklärt, dass die Natur im Verständnis des Rationalismus nicht nur unter bestimmten Gesetzen steht, sondern fundamental durch diese Gesetze besteht und der Inbegriff dieser Gesetze „ist kein anderer als die *Selbstwahrung* der Natur in ihrer Existenz."[310] Es bedarf einer bleibenden Naturordnung keiner anderen Gesetze als der der *Selbstwahrung* dieses Bestandes. In der Herleitung der Ordnung eines moralischen Gesetzes aus der *Freiheit* als *Prinzip der Moralität* selbst bedeutet das nun, dass es nur der *Erhaltung der Freiheit* bedarf. Diese Weise der *Selbsterhaltung* zeigt sich eben im *kategorischen Imperativ*, wo die Freiheit jedem endgültig gewährleistet wäre, der sich diesem Grundsatz unterworfen hat. Das Problem bleibt darin aber bestehen, dass diese Moral keine Ordnungen vorfindet, sondern sie zu konstituieren hat. Blumenberg sieht dieses Problem in Kants Ethik bestehen, insofern das Subjekt solcher Endgültigkeit der Freiheit die Gattung „Mensch" ist, nicht der Einzelne. Der Einzelne kann nicht schöpferisch tätig sein, denn sein Handeln besteht immer nur in der Weise, *als ob* – nie aber *damit* – durch seinen Willen eine Naturordnung entsprünge; „Wenn aber die Allgemeinheit des Imperativs, die doch Voraussetzung dafür ist, daß sie jeden einzelnen verpflichtet, derart wirkungslos bleibt – wie kann dann der Einzelne diese Verpflichtung übernehmen?"[311] Blumenberg fragt nach den Konsequenzen, wenn es kein „*damit*" gäbe, d.h. „wenn das Chaos aus der Willkür aller unbewältigt" bliebe.[312] Ließe sich dann noch handeln „*als ob*"? Blumenberg formuliert Kants Mangel wie folgt:

> *Kant* hat zu sehr vom Begriff des „vernünftigen Wesens schlechthin", von der Gattung der Menschen als Menschheit, von der égalité der Vernunft her gedacht, als daß er das Gegenteil einer allgemeinen und gesetzlichen Selbstwahrung der Freiheit des Bedenkens hätte für würdig befinden können; […].[313]

Der geschichtliche Horizont, in dem Blumenberg lebt, ist ein anderer als noch Kants; so versteht man den Bezug, den er nimmt, wenn er die Gegenmöglichkeit der *despotischen Freiheit* thematisiert. Ohne die Gewähr für die Ermöglichung der Wahrung der eigenen Freiheit im Chaos der Freiheiten aller anderen, kommt die Alternative auf, sie vielmehr *gegen* die

---

[309] Blumenberg, „Ist eine philosophische Ethik gegenwärtig möglich?", S. 176.
[310] Ebd., S. 176.
[311] Ebd., S. 177.
[312] Ebd., S. 177.
[313] Ebd., S. 177.

Freiheiten aller anderen durch deren Beschränkung durchzusetzen: „Dies ist der Versuch, die Freiheit des Einen als die einzige absolut zu machen, der in Literatur und Praxis der Gegenwart seine Theorie und Realität gefunden hat."[314] Diese Gegenwart ist eben 1953 – Nachkriegszeit. Diese hatte sich der „fiktive[n] Natur der totalen Macht" unterworfen gesehen; aus der Freiheit der Despoten haben sich auch hier Gesetze promulgiert, d.h. eine „Ordnung, die aus einem einzigen Willen die *Mechanik* aller anderen ableitet."[315] Blumenberg stellt allerdings klar, dass er diese Konsequenzen durchaus nicht auf die leichte Schulter genommen hat, sein Ausweg ist aber der typische Ausweg der neuzeitlichen Geistesgeschichte:

> [S]o fand *Kant* den Ausweg eines „Postulates der reinen praktischen Vernunft", das uns das Dasein eines ebenso allmächtigen wie vernünftigen Wesens verbürgt, welches dem Mangel des moralischen Gesetzes in Hinsicht auf seine Durchsetzung im menschlichen Medium nicht nur aufhelfen *kann*, sondern als „vernünftiges Wesen schlechthin" und allmächtiges dazu auch aufhelfen *muß*.[316]

Der „Mangel ihrer überzeugenden Lösung" ist offensichtlich, betrachten wir den Punkt in der Geistesgeschichte, an dem sie steht.[317] In Kants Lösung steht das zentrale Problem der Neuzeit des gnädigen Gottes, aber dieser Gottesbegriff ließ den Menschen zweifeln, sich des Einklanges mit dem göttlichen Willen sicher sein zu können. Kant versuchte eben dies möglich erscheinen zu lassen, aber wir fragen nur post-nihilistisch, d.h. nach der Konsequenz des Tod Gottes. Das Problem der verbindlichen *Pflicht* ist hier als Kernproblem herausgetreten. Wie schaut es mit der Realität der *Pflicht* bei Kant aus?

Kants *kategorischer Imperativ* ist zuerst einmal *formal*. Er gibt keine konkrete *Pflicht* an, sondern gilt als Grundsatz möglicher objektiv gültiger Grundsätze für die menschlichen Willensentschlüsse: „[D]ie ‚Form' der Pflicht überhaupt ist eben das, wodurch jegliche Pflicht, wie auch immer sie inhaltlich bestimmt sein mag, allererst zur Pflicht wird."[318] Die Deduktion der Form der Pflicht wird aus dem Prinzip der *Freiheit* vollzogen; damit ist diese Deduktion unersetzbar, außerdem unangreifbar vom Verlauf der „Zeit, auch in der Gestalt radikalster geschichtlicher Metakinesen".[319] Diese Herleitung über die Freiheit scheint die Frage nach der Möglichkeit einer *gegenwärtigen* Ethik – die Schärfe dieses kleinen Zusatzes besteht konkret gerade in dem post-nihilistischen Zeitpunkt, der auch die Werte und Normen gebrochen hat – grundlegend zu beantworten. Blumenberg geht es aber um die *Realität der Pflicht*. Was versteht

---

[314] Blumenberg, „Ist eine philosophische Ethik gegenwärtig möglich?", S. 177.
[315] Ebd., S. 177.
[316] Ebd., S. 177.
[317] Ebd., S. 177 [Anm. 11].
[318] Ebd., S. 178.
[319] Ebd., S. 178.

Blumenberg darunter? Es schiene sinnlos zu fragen, ob das *notwendig* richtige auch *gegenwärtig* richtig ist, aber um eine bloße Erkenntnissituation ging es bei der Frage nie. Die Deduktion kann *logisch* richtig sein, die Folgerungen sind aber von den Prämissen abhängig und diese lassen sich frei konstruieren; daraus allein ließe sich nichts gewinnen:

> Was in der Logik möglich ist, muß aber noch keine Ethik begründen können: hier kommt es entscheidend weder auf die Konstruktion der Prämissen noch auf die Stringenz der Schlußfolgerung an, sondern auf die *Realität* der Prämissen, aus der allein gefolgert werden kann, daß Pflicht nicht nur wesentlich diese *Form* der Verbindlichkeit hat, sondern daß Pflicht *besteht*, d.h. tatsächlich dich und mich und alle *verpflichtet*.[320]

Das Tatsächliche mag vielleicht nicht Sache der Philosophie sein, aber wenn wir nach einer praktischen Intention hin fragen, müssen die Prämissen auf ihre Tatsächlichkeit, also ihre Realität hin geprüft werden. Insofern ist die Frage zugelassen, ob Ethik gegenwärtig möglich ist. Soweit zur Wesensform der Verpflichtung, aber besteht nun auch Pflicht? Kant durfte nicht nur den Begriff der „Freiheit" nehmen, aus dem sich der *kategorische Imperativ* als theoretisch richtiger Satz deduzieren ließ, dem aber keine praktische Relevanz zukommt; dafür muss die *Realität der Freiheit* vorausgesetzt werden, aus dem sich erst der Imperativ als Inbegriff bestehender Pflicht ableiten ließe. Das moralische Gesetz muss als *Faktum* erscheinen. Mit dieser Konklusion ist Blumenberg sich bewusst, was er zur Beantwortung der Frage nach der Ethik braucht: Es muss geklärt werden, „ob und wie sich die Realität der Freiheit erschließt."[321] Die Schwierigkeit besteht im *ordo cognoscendi*, in der Möglichkeit der Erkenntnis; insofern – kantisch gedacht – die Welt der Erscheinungen dem Gesetz der Kausalität untersteht, kann *Freiheit* unmöglich erscheinen. Unter den Bedingungen der Erfahrung lässt sich der Begriff der „Freiheit" nur *negativ* denken. Es geht aber darum, von der *Realität der Freiheit positiv* zu wissen. Kant begründet das mit der *Gegebenheit* des moralischen Gesetzes; die *Freiheit* ist schließlich die Bedingung des moralischen Gesetzes, heißt: „Wenn ich mir schon immer bewußt bin zu *sollen*, dann muß ich auch schon immer *frei* sein."[322] Die Möglichkeit einer philosophischen Ethik ist also von der Gegebenheit eines Sollens abhängig (Faktum der Vernunft). Dabei bleibt rationale Evidenz aus und darf auch nicht erwartet werden – für Kant ist es selbstverständlich, dass die Stimme der Vernunft für das vernünftige Wesen Mensch, dessen Natur Kant von vornherein als moralisch versteht, deutlich ist. Damit ist die Gegebenheit des Sollens trotzdem durch die Selbstverständlichkeit, dass wir uns Maximen des Willens

---

[320] Blumenberg, „Ist eine philosophische Ethik gegenwärtig möglich?", S. 178.
[321] Ebd., S. 179.
[322] Ebd., S. 179.

entwerfen, in gewisser Weise bedingt. Das „bedeutet, daß die Realisierung der menschlichen Existenz nicht aus bloßen Reaktionen, sondern aus *Handlungen* im eigentlichen Sinne entsteht".[323] Dies sind Akte, die vom Subjekt in einen entworfenen Zusammenhang gebracht stehen; umso bestimmter und klarer, je ausdrücklicher und entschiedener das Leben als ein Ganzes *geführt* wird, sprich es in Handlungen verwirklicht. Das Sollen ist schließlich daran gebunden, dass der Mensch sein Leben führt. Aber „diesem Faktum [der Vernunft; Anm. AR] kommt keinerlei rationale Notwendigkeit zu", erklärt Blumenberg.[324] Deshalb muss gefragt werden, ob dieses Faktum auch *gegenwärtig* besteht: „Hier liegt die Beziehbarkeit der Fragestellung auf die Zeit, auf die Gegenwart in besondere Weise, wie der gegenwärtige Mensch in dieser Zeit existiert, welche äußeren und inneren Erfahrungen ihm noch möglich oder schon unmöglich geworden sind."[325] In den gegenwärtigen Daseinsformen steckt ein anderer Freiheitsbegriff als der Kants, in dem „Sittlichkeit uns zuerst den Begriff der Freiheit entdeckt".[326] In ihnen wirkt vielmehr der *moralische Nihilismus*, eben jener nachvollzogenen Entwicklung, deren Ergebnis sie sind.

3.1.2 Gegenwärtige Daseinsformen und der absolute Freiheitsbegriff

Blumenberg nennt drei Daseinsformen der Gegenwart: 1. die *ästhetische Existenz* als unbedingter Selbstgenuss, 2. die *technische Existenz* als unbedingtes Können und 3. die *kollektiv-funktionale Existenz* als unbedingter Gehorsam. Als Grundzug der *ästhetischen Existenz* gilt für Blumenberg „das Leben weniger zu ‚führen' als geschehen zu *lassen*".[327] Der ästhetische Mensch geht in einem punktuellen Wirklichkeitsbezug auf; es ist das – mit Bezug auf Goethe – Ersaufen im Augenblick, die Ansprechbarkeit auf eine spezifische Reizsphäre. Dieser die Gegenwart weit beherrschende Daseinstypus steht in einer unüberschreibbaren Kluft zur *moralischen Existenz*, was schon Søren Kierkegaard (1813 – 1855) gesehen hat. Diese Kluft kritisiert Blumenberg am Freiheitspathos des Existenzialismus Jean-Paul Sartres (1905 – 1980), der der *ästhetischen Existenz* als zugehörig angesehen wird:

> Die in diesem Pathos gemeinte Freiheit widerspricht schon deshalb jeder Möglichkeit, sie zum Prinzip der Moralität zu machen, weil ihr innerster und raffiniertester Antrieb der *Selbstgenuß* ist. Im Grunde ist „Freiheit" hier nur der Name für den Sturz un die Besinnungslosigkeit, die als Höchstzustand proklamiert wird und einen umfassenden, vielfältig differenzierten und reich

---

[323] Blumenberg, „Ist eine philosophische Ethik gegenwärtig möglich?", S. 179.
[324] Ebd., S. 179.
[325] Ebd., S. 180.
[326] Ebd., S. 181.
[327] Ebd., S. 180.

instrumentierten Kult des Rausches heraufgeführt hat.[328]

Dieser Freiheitsbegriff unterscheidet sich vom kantischen darin, dass aus diesem kein allgemeines Gesetz deduziert werden kann. „Das Handeln gerät ins Uneigentliche", insofern es vielmehr als Aktion verstanden wird; ein repräsentativer Zustand des individuellen und kollektiven Rausches.[329] Aus dieser Art des Handelns kann keine Maxime entworfen werden, die ein Sollen stellen kann, vielmehr zielt dieses Programm der *Freiheit* darauf, „das Sollen zum Schweigen zu bringen."[330] Die *Freiheit* beschränkt sich nicht als Vernunft selbst, sondern beschränkt ihrerseits die Vernunft, „um sich selbst als absolute Mächtigkeit zu *genießen.*"[331] Das widerspricht der kantischen Prämisse, dass unbeschränkte Freiheit sich selbst zerstört und deshalb nicht selbst wollen kann, indem sie die *Gewissheit der Freiheit* aufhebt:

> Denn diese Gewißheit ist doch gerade an das Sollen als an ihre ratio cognoscendi gebunden. Wer unbeschränkt frei sein will, kann überhaupt nicht mehr *wissen*, ob er frei ist. Und in der Tat: unsere Epoche ist erfüllt von der ungeheuerlichsten *Ungewißheit* der Freiheit, von den furchtbarsten Verwechslungen von Freiheit und Unfreiheit.[332]

Darin liegt die Wurzel der *Ungewissheit von Freiheit*, die die jene Verwechslungen von *Freiheit* und *Unfreiheit* bedingen, nämlich weil die „Besinnungslosigkeit der absoluten Aktion" *ästhetischer Existenz „und* die Besinnungslosigkeit der absoluten Unterwerfung" in einem Zusammenspiel stehen.[333] Blumenberg führt die Kritik in einem zweieinhalbseitigen Artikel anlässlich Sartres 50. Geburtstags aus: Dort spricht er vom „Absolutismus der Freiheit", unter den der absolute Mensch gerät.[334] Dessen Freiheit ist Knechtschaft, insofern sie nichts anderes darf als frei zu sein und d.h. ständig zurücknehmen muss, was sie verwirklicht hat. Die *ästhetische Existenz,* präsent in Sartres Philosophie, wird von Blumenberg somit als ein schlimmes, folgenreiches Produkt des Nihilismus gedeutet, in dem der Nihilismus permanent vorausgesetzt, nicht überwunden wird, das indirekt gar Strukturen der Unterwerfung bedingt.[335] Auch im zweiten Daseinstypus, der *technischen Existenz*, wird „die unmittelbare Gegebenheit des Sollens infragegestellt".[336] Hierbei wird das menschliche Dasein vor allem von

---

[328] Blumenberg, „Ist eine philosophische Ethik gegenwärtig möglich?", S. 180.
[329] Ebd., S. 180.
[330] Ebd., S. 180.
[331] Ebd., S. 180.
[332] Ebd., S. 181.
[333] Ebd., S. 181.
[334] Blumenberg, Hans, „Ins Nichts verstrickt. Wird man in zehn Jahren noch von Sartre sprechen?", 1955, in: Ders., *Schriften zur Literatur*, herausg. v. Alexander Schmitz und Bernd Stiegler, Berlin 2017, S. 201.
[335] Auf welche konkreten Ereignisse, ob auf Faschismus oder Kapitalismus anspielend, vermag ich nicht aus einem Zeitungsartikel allein zu deuten, der in seiner Form nicht die konkretisierende Tiefe bietet.
[336] Blumenberg, „Ist eine philosophische Ethik gegenwärtig möglich?", S. 181.

hypothetischen Imperativen bestimmt. Das sind praktische Regeln „nach dem Schema des Wenn–So gebaut [...], die also die *Mittel* zur Erreichung bestimmter Ziele angeben".[337] Mit ihnen werden theoretische Einsichten über Kausalzusammenhänge, die zu Zweck-Mittel Anweisungen transformiert sind, angewandt. Sie haben dabei nichts mit der Philosophie praktischer Vernunft gemein, denn diese Regeln bestimmen den Willen nicht primär. Sie werden vom Willen lediglich „„ergriffen' und eingesetzt, um primär bestimmte Zwecke zu erreichen."[338] Diese Zwecke findet das Individuum in der modernen Gesellschaft „als die immanenten Sachgesetze der ökonomischen und technischen Welt" vor, anstatt dass sie vom Willen selbst gesetzt werden.[339] Auch hierin sieht Blumenberg das Problem der *absoluten Freiheit* präsent:

> [D]ie Möglichkeit der Freiheit wird als ein Problem der Mittel aufgefaßt und durch die Entschränkung der Mittelsphäre realisiert. Das reine Können, technisch darstellbar in den Formen beliebig umschaltbarer und verfügbarer Energien, ist das Medium einer „Freiheit", deren Formel nicht „Du kannst, denn du sollst!", sondern „Du sollst können!" lautet.[340]

Auch hier wird kein Sollen gestellt, aus dem das Können erst bedingt wird, unkonkret bleibt das Können sein Sollen. Und auch der dritte Daseinstypus der *kollektiv-funktionalen Existenz* bleibt unter diesem *absoluten Freiheitsbegriff* stehen. Darin wird auf jeglichen Entwurf einer eigenen Lebensform verzichtet; die Subjektstelle des Handelns wird „an das anonyme Kollektiv, den ökonomischen und administrativen Apparat, in denen der Einzelne nur noch Funktionen hat", abgetreten.[341] Die Maxime des Ganzen nimmt in diesem kollektiven Prozess die Form des „Du musst!" an. Jegliche Entscheidungen des Individuums sind in diesem sozialen Körper bereits gefallen, sodass ihm der Spielraum darin fehlt.

In den miteinander verwickelten Daseinsformen sehen wir die Stellung des Menschen zur Wirklichkeit; das moralische Problem tritt darin hervor. Die Folge ist die Herausbildung eines Freiheitsbegriffes „entworfen als unbedingtes Können und unbedingter Selbstgenuß".[342] Das Problem ist, dass dieser Freiheitsbegriff genau gegensätzlich funktioniert: Er entzieht geradezu „die Grundlage der Sittlichkeit, die Hörbarkeit des Sollens".[343] Dieses Problem hat schon Nietzsche gesehen und ist Inbegriff des *moralischen Nihilismus*: In den gegenwärtigen

---

[337] Blumenberg, „Ist eine philosophische Ethik gegenwärtig möglich?", S. 181.
[338] Ebd., S. 181.
[339] Ebd., S. 181.
[340] Ebd., S. 181.
[341] Ebd., S. 181.
[342] Ebd., S. 181.
[343] Ebd., S. 181.

Daseinsformen ist nicht mehr ersichtlich, „daß und weshalb Verpflichtung möglich ist."[344] Mit der Entkräftung der Verbindlichkeit tritt ein Freiheitsbegriff heraus, in dem das menschliche Handeln vollends entfesselt ist. Schließlich ist Blumenberg kein Nihilist; Sartre tut zwar gut daran, den Nihilismus nicht zu übersehen, aber „Geist und Zeitgeist" sind bei ihm in höchst enger Verbindung, insofern er den „Nullpunkt von 1945 verewig[t]".[345] Der Nihilismus ist darin verewigt, nicht aber überwunden und genau das gilt es Blumenberg, wie schon Nietzsche, zu tun. Seine ganze Philosophie rückt mit dem Postulat *„Gehen wir an die Arbeit!"* in ein Licht der Aufarbeitung, der Reparatur.[346] Wir verstehen seinen Anspruch über die Kritik an Sartre, der eben gegensätzlich vorgehe. Seine Habiltationsschrift zu lesen ist gefährlich, sie wirft ein höchst negatives Licht auf die gegenwärtige Epoche. Sein „Plädoyer für diese Zeit" will die vorgegangene Analyse richtigstellen: „Wir bauen die höchsten Häuser, die längsten Brücken, die schnellsten Flugzeuge –, und wir fühlen einen gewissen kindlichen Stolz darauf."[347] Wieso tun wir Menschen dies? Immerhin bringt es uns nicht der besten aller Welten näher, wir tun es auch nicht zur Ehrung Gottes, zur Förderung des Fortschrittes oder für das Wohl der nächsten Generation. „Wir tun es einfach deshalb, um am Leben zu bleiben."[348] Wenn wir uns verinnerlichen, was wir zu leisten haben und warum, ist die Erwartung für die entscheidende Frage vorbereitet: Also wie lässt sich dem *moralischen Nihilismus* nun konstruktiv begegnen?

3.2 Die Lösbarkeit des moralischen Nihilismus

Wie lösen wir den Problemhorizont von post-neuzeitlicher Position nach dem nihilistischen Postulat und den vielen nihilistischen Symptomen – die Frage nach dem *moralischen Nihilismus*, der sich mit dem Verlust verbindlicher Werte beschäftigt? Wir können uns, noch bevor wir uns dieser fundamentalen Frage annehmen, fragen, ob wir uns ihr überhaupt annehmen wollen oder ob wir ermöglicht sind, uns davon abzuschotten. Dem möchte ich aber schnell seine Prägnanz nehmen, indem ich auf ein Zitat Blumenbergs verweise; Blumenberg begründet den Selbstausweis einer Wirklichkeit innerhalb einer Epoche als Selbstverständlichkeit wie folgt:

Dieser Selbstausweis ist weitgehend nackte Lebensbedingung und ist insoweit gesichert gegen

---

[344] Blumenberg, „Ist eine philosophische Ethik gegenwärtig möglich?", S. 181f.
[345] Blumenberg, „Ins Nichts verstrickt", S. 199f.
[346] Blumenberg, Hans, „Plädoyer für diese Zeit. Versuch einer Ehrenrettung für eine schlecht beleumundete Epoche", 1952, in: *Hans Blumenberg alias Axel Colly. Frühe Feuilletons (1952-1955)*, herausg. v. Alexander Schmitz u. Bernd Stiegler, Frankfurt a.M. 2018, S. 27.
[347] Ebd., S. 26f.
[348] Ebd., S. 27.

Problematisierung. Problematisierung ist Luxus. Sie wird erst dann vorgenommen, wenn ihr Risiko nicht mehr letal ist, und von denen vorgenommen, für die es am wenigsten letal werden kann. Der beamtete Lehrer ist der geborene Problematisierer.[349]

Dieses Zitat Blumenbergs ist für unsere Fragestellung besonders interessant, insofern es über die geistige Situation und ihre Bedrohlichkeit reflektiert. Es bedeutet, dass wenn wir dieses Problem des Nihilismus thematisieren, d.h. problematisieren, stellt es sogleich keine Bedrohung für unser Leben mehr dar. Dies beweist die schlichte Faktizität der gerade geschriebenen Wörter. Wir, die uns gerade mit dem Nihilismus auseinandersetzen, sind Beamtete, d.h. sind in einer abgesicherten Stellung. Diese Tatsache entlastet sogleich von dem übereifrigen Fehlschluss, den nihilistische Erkenntnisse oft erfahren: Von einer *Nichtigkeit* des Lebens auf eine *Verneinung* des Lebens zu schließen. Vielmehr kann der Nihilismus sich eventuell als *Heilslehre* beweisen, indem er „auf die einzig mögliche Erlösung, die Befreiung aus dem Sein" verweist. Blumenberg formuliert diesen Denkschritt in einer Fußnote – bezogen auf Hermann Kasacks (1896 – 1966) Roman *Die Stadt hinter dem Strom* – „von der geschichtl. Erfahrung zum therapeut. Rezept und zum Aktionsprogramm".[350] Was wir vermeintlich verloren haben, das Seinsverständnis, ist vielleicht nur der Verlust von etwas, das es vielleicht nie gegeben hat. Auf den nihilistischen Erfahrungen lässt sich aufbauen.

Was sich aus der vorigen Untersuchung ergeben hat, ist, dass mit dem Verlust der *Verbindlichkeit* eines objektiven Kosmos das menschliche Handeln seinen Bezug zum Kosmos verliert, d.h. das menschliche Handeln befreit wird. Blumenberg sieht hierin nicht die entfesselte Freiheit, die die kosmologisch verbindliche Ethik zu bedrohen wusste, sondern fokussiert sich vor allem auf den Aspekt Mensch *gegen* Welt. In diesem herausgeforderten Verhältnis ist nicht der Verlust der *Verbindlichkeit* betont, sondern die Eröffnung neuer Horizonte menschlichen Handelns, aber sein Anspruch steht eben *gegen* den der Welt. Dieses herausfordernde Verhältnis lässt sich auch bei Kafka sehen. Denn dessen Gegenwartsanalyse war geprägt von der Erfahrung des *Absoluten*. Dessen Figuren hatten mit dem *Absoluten* zu kämpfen, aber auch Kafka selbst schrieb über den Grundkonflikt seines Lebens mit dem *Absoluten* in der Personifikation als Vater Hermann Kafka (1852 – 1931). Sein Brief an den Vater dient Blumenberg als exemplarischer Selbstausweis für den Menschen im Kampf *gegen* das *Absolute*. Relevant ist dabei vor allem, worauf sich Kafka noch zu stützen weiß, wenn doch

---

[349] Blumenberg, RR, S. 37.
[350] Blumenberg, „Das Problem des Nihilismus in der deutschen Literatur der Gegenwart [Vortrag]", S. 50 [Anm. 5].

alles unter dem Nihilismus der Vernichtung anheim gekommen ist.

3.2.1 Kafkas Selbstbehauptung

Der Begriff der „Selbstbehauptung" – später in der Anthropologie Blumenbergs von zentraler, gar leitmotivischer Bedeutung und auch schon in der Habilitationsschrift wörtlich erwähnt[351] – fällt auch in Blumenbergs Analyse Kafkas als Anti-Faust. Der fremde Landmesser, dessen Realität von der Willkür des Schlosses zerstört wird, ist bereits als ein von der *Absolutät* Bedrohter dargestellt worden. Blumenberg schreibt dazu:

> Das Leben verliert den Charakter der Selbstbehauptung, der Leistung, des Sich-Durchsetzens. Aber gerade dies wird der Fremde bis zum letzten Atemzuge *nicht* voll *begreifen* können; und deshalb fühlt sich der Leser eben mit dem Fremden solidarisch, weil auch für ihn die Welt des Dorfes unter der Herrschaft des Schlosses die Fremde ist.[352]

Es ist entscheidend, dass Blumenberg zum einen den Begriff der „Selbstbehauptung" benutzt, der in den folgenden Jahrzehnten besonders herausgearbeitet wird, und zugleich den allgemeinen Menschen als Leser mit dem Protagonisten gleichstellt. Auf gleiche Weise besteht dieser Parallelismus auch zum Autor Kafka, der seine *Absolutät* als Vater weiß. Im Jahre 1919 schrieb Franz Kafka im Alter von 36 einen hundertseitigen Brief an dessen damals 67-jährigen Vater Hermann Kafka, angetrieben von der Frage, wieso er sich vor ihm so fürchte. Für Blumenberg ist dies „eines der wesentlichen Dokumente menschlicher Existenz überhaupt!"[353] Wieso? Dieser Vater ist „mehr, als ein realer Vater jemals ‚bedeuten' kann" – er erhält die Eigenschaften, die in dessen Werken den anonymen Mächten eigen sind, wie beispielsweise das Schloss, das die Ansprüche des Landmessers zunichte macht.[354] Dieses übermäßige Bild des Vaters erscheint somit als Symbol für die nihilistische Krise:

> Aus dem Boden einer bemächtigen Not am Absoluten ist dieser Vater ins beklemmende Überdimensionale emporgewachsen, dem Anonymen seinen Namen, dem Antlitzlosen sein Gesicht leihend. Und es ist gewiß nicht zufällig, daß eben der Name des „Vaters", der am Anfang unseres weltgeschichtlichen Äons mit dem Namen Gottes zu einem Inbegriff der Liebe verschmolzen ist, nun in der Krise dieses Äons der furchtbaren Anonymität des Nichts zufällt.[355]

Das übermächtige Vatererlebnis bedroht auch die Wirklichkeit des untergeordneten Sohnes. Er

---

[351] „Vielmehr ist die ‚Form' des cartesischen Philosophierens und damit der Grundlegung der ‚Aufklärung' nicht die der *Selbstbestimmung*, sondern der *Selbsbehauptung*." Siehe hierzu bes.: Blumenberg, OD, S. 80.
[352] Blumenberg, „Krise des Faustischen im Werk Franz Kafkas", S. 60f.
[353] Blumenberg, „Der absolute Vater [Aufsatz]", S. 110.
[354] Ebd., S. 107. – Man achte zudem darauf, dass Blumenberg diese These mit einem Ausrufezeichen unterstützt; diese benutzte er sein Leben lang höchst spärlich, was die Bedeutung dieses Dokuments unterstreicht.
[355] Blumenberg, Hans, „Der absolute Vater [Zeitungsartikel]", 1952, in: Ders., *Schriften zur Literatur 1945 – 1958*, herausg. v. Alexander Schmitz u. Bernd Stiegler, Berlin 2017, S. 107.

ist *absolut*, insofern er in seiner Ferne unerreichbar ist und doch unentrinnbar in seiner Gegenwärtigkeit; „Unter seiner Macht fühlt man alle sonst verläßlichen Realitäten förmlich ‚verdampfen'; das Bewußtsein einer bodenlosen Nichtigkeit bleibt zurück."[356] Blumenberg macht aber deutlich, dass Kafkas Transzendenzbewusstsein nicht psychologisch vom Vatererlebnis her zu begründen ist: „Der Vater vertritt und verstellt mit seiner gewaltigen Erscheinung das Zentrum eines Welt- und Lebensgefühls, in dem einst die furchtbare Majestät des alttestamentarischen Gottes gestanden hatte und das nun verwaist war."[357] Dass er vielmehr die Verkörperung und Funktion dieses Lebensgefühls war, zeigt die Kindheitsepisode aus dem Leben Kafkas; er fürchtete, plötzlich und grundlos vom Vater vor die Tür gesetzt zu werden, wie er es einmal für ein Weilchen wurde, als er nach Wasser winselte; Kafka fürchtete, dass er für den Vater ein solches Nichts sei.[358] Im Vater verdichtet sich „ein Bewußtsein des Absoluten und des ihm Unterworfenseins" im Verständnis des Vaters als „‚riesigen Mann', dem ‚Maß aller Dinge', der ‚letzten Instanz', dem, der alles ‚fast ohne Grund' tut".[359] Kafka fasziniert Blumenberg auch als Jude, dem es nicht gelang, sein ursprüngliches Bewusstsein des Absoluten mit religiösen Vorstellungen zu besetzen, aber eben mit dem Vater wie später auch mit seinen Dichtungen. Der Vater erschien ihm wie ein Despot, aus dessen physischer Übermacht der Anspruch folgte, die Regeln zu diktieren.[360] Er war unbekümmert von seiner eigenen Willkür, herrschte mit strenger Hand und hielt sich dabei nicht an die eigenen Gebote, willkürlich bis zu Widerspruch, uneinschätzbar – unter seiner Regierung war die Kindheit des Sohnes vorgezeichnet.[361] Kafka steht in der einen Welt dieses Transzendenzverhältnisses, in der er unterworfen von den Gesetzen des Vaters ist, der selbst in der anderen, unendlich entfernten Welt mit der Regierung beschäftigt ist und außerhalb besteht die dritte Welt, die unbewusst von diesem Drama das trügerisch-unerreichbare Glücksbild der Gleichgültigkeit vom *Absoluten* hinzubringt. Kafka versuchte natürlich der Herrschaft des Vaters zu entkommen.[362] Ein Fluchtversuch bestand in der Mitarbeit im väterlichen Galanteriewarengeschäft, doch auch da

---

[356] Blumenberg, „Der absolute Vater [Aufsatz]", S. 110.
[357] Ebd., S. 112.
[358] Vgl. Goldstein, J., *Hans Blumenberg*, S. 123.
[359] Blumenberg, „Der absolute Vater [Aufsatz]", S. 111.
[360] Vgl. Goldstein, J., *Hans Blumenberg*, S. 122.
[361] Vgl. Ebd., S. 122.
[362] Die Daseinsbewegung der Flucht ist somit bei Kafka schon vorgegeben, was sich einerseits mit der Tendenz der *ontologischen Distanz* deckt (beispielsweise Flucht in die Logoi) sowie auch mit dem Absolutismus der Wirklichkeit später in der *Arbeit am Mythos*, siehe hierzu bes.: Goldstein, J., *Hans Blumenberg*, S. 128.

holte ihn die Despotie des Vaters ein, bemerkbar am harten Umgang mit den Angestellten.[363] Ein anderer Versuch war das Praktizieren des Judentums, doch auch das misslang, denn der Vater hatte dafür nur Verachtung übrig.[364] Relevant ist aber nun, wie Kafka der *Selbstbehauptung* bemüht war und zwei ernsthafte Formen dessen bestanden im *Schreiben* und der *Ehe* – „Versuche, in jener ‚dritten Welt' sich trotzdem einzuwurzeln."[365] Kafkas letzter Wunsch bestand darin, seine Werke zu verbrennen – insofern hat er diesen Versuch des Schreibens selbst gerichtet.[366] Der Versuch der Ehe schlug ebenso fehl, denn Kafka glaubt diesen an der Übermacht des Vaters gescheitert zu sehen; selbst Familienoberhaupt zu sein, dringt vor auf das eigenste Gebiet des Vaters, der neben sich niemanden geduldet hätte.[367] Für Kafka ist das „„Äußerste, was dem Menschen überhaupt gelingen kann', misslungen"; die Ehe wäre ein reines Plätzchen, „wo manchmal die Sonne hinscheint und man sich ein wenig wärmen kann", aber der „Vaterkoloß bedeckt die ganze wohnliche Erde und läßt dem Sohn nur das Unheimliche zum Dasein."[368] Ihm misslang alles, was seinem Vater gelungen zu sein schien.[369] Kafkas Selbsbehauptungsbemühungen, „ja nur neben ihm auch dasein zu können, sind ebenso sinn- und hoffnungslos wie notwendig"; Blumenberg sieht eine aussagekräftige Symbolik darin, dass Kafka seinen Brief nie übergeben habe, da es gegen einen solchen absoluten Vater keine Appellation gibt.[370] Das ist mehr als ein wirklicher Vater und der Konflikt ist kein nur privater:

> Das Schicksal einer Epoche, deren Bezug zum Absoluten sich an den überlieferten Gehalten nicht mehr erfüllen zu können scheint, hat hier einen exemplarischen menschlichen Ausdruck gefunden. Wo sonst die Leere des Absoluten mit politischen, ästhetischen, erotischen Symbolen „besetzt" wird, steht hier der „riesige Mann" als Platzhalter der Transzendenz.[371]

Exemplarisch ist Kafka damit auch für den Nihilismus, die Ausweglosigkeit der Selbsbehauptung mag da vielleicht auf der Suche nach einer ethischen Antwort trüben und diese Ernüchterung ist sicherlich das Gefahrnis, das Blumenberg bei seinen frühen Epochenanalysen

---

[363] Vgl. Goldstein, J., *Hans Blumenberg*, S. 123f.
[364] Vgl. Ebd., S. 124.
[365] Blumenberg, „Der absolute Vater [Aufsatz]", S. 113.
[366] Damt beauftragt hat Kafka seinen langjährigen Freund Max Brod, der sich seinem letzten Wunsch widersetzte. Er hat Kafka dazu angetrieben, zu publizieren und dem entspricht es, dass er nach dessen Tod viele Werke seines verstorbenen Freundes veröffentlichte.
[367] Im Laufe seines Lebens wurden drei Verlöbnisse wieder gebrochen; zwei mit Felice Bauer und ein drittes mit Julie Wohryzek.
[368] Blumenberg, „Der absolute Vater [Aufsatz]", S. 113f.
[369] Vgl. Goldstein, J., *Hans Blumenberg*, S. 124.
[370] Blumenberg, „Der absolute Vater [Aufsatz]", S. 110.
[371] Ebd., S. 114.

selbst vernimmt. Dabei ist die Antwort viel simpler; ich möchte dazu auf den Überlebensaspekt lenken, bloß Überleben – das Fundament, mit der *Faktizität des Daseins* ein grundlegendes Aktionsprogramm darauf beruhend zu gründen. Der Blick für die Faktizität ist, was Kafka für Blumenberg so besonders macht. Er besitzt die ursprüngliche Kraft der *Verwunderung*: Die Naturwissenschaft, dem neuzeitlichen Wirklichkeitsverständnis entsprechend, leitet eine Gesetzlichkeit, dass die Sonne auch am nächsten Morgen wieder aufgeht, von einer aus den einzelnen Beobachtungen voriger Tage ab. Diese Selbstverständlichkeit reicht Kafka nicht, um dies anzunehmen. Er zeichnet sich vielmehr für die Empfänglichkeit einer Unselbstverständlichkeit des Seins als ein Autor der Ursprünglichkeit aus:[372]

> Kafkas Blick, dieser große, staunende, immer weit hinter dem Sichtbaren sich konzentrierende Blick, hängt nicht mehr daran, *was* und *wie* die Dinge sind, sondern daran, *daß* sie überhaupt sind. [...] Die Zerbrächlichkeit und Hinfälligkeit, mit der sich dieses Sein über dem Nichts wölbt – sie erlebt und erleidet Kafka an sich selbst, in diesem fragilen, von jedem Hauch schwankenden Dasein, das mit 41 Jahren, am 3. Juni 1924, der inneren Aushölung erlag.[373]

Jene exemplarische Funktion, die Kafkas Dasein in Blumenbergs Augen besitzt, bezieht er auf die antike Seinsgrundfrage. Während solch eine Frage in den einzelnen Wirklichkeitsbegriffen zu denken nicht möglich gewesen wäre, ist es der Nihilist einer entselbstverständlichten Welt, bei dem die *Existenz* primär ist, nicht die *Essenz*. Die wesentlichen Deutungen, ob die Welt gerecht oder gut sei, ob sie auf den Menschen angepasst sei, werden gleichgültig „gegen die ungeheuerliche Tatsache, daß nicht nichts ist!"[374] Aus dieser heideggerschen Ur-Einsicht der Ursprünglichkeit, der in jüdischer Tradition in Bezug zur Erschaffung der Welt *ex nihilo* denkt, beweist sich Kafka als Lehrer der *Demut* und der *Gnade*.[375] Dabei geht es vor allem um die *Entbehrung der Gnade*: Die Säle des Schlosses i Kafkas Romanfragment sind leer, d.h. Gott ist bereits als tot für die wirkliche Lebenserfahrung gedacht. Die einzige Erfahrung der Gnade ist lediglich ihre *Entbehrung*. Das bedeutet wiederum, dass die Behauptung ihrer Existenz jeden Sinn verliert. Entscheidend ist für Blumenberg eben nicht das bloße „Mißtrauen in den Sinn der Welt", sondern „daß es Kafka darum geht, die Urhaltung des fassungslos Beschenkten dem Sein gegenüber zu entbinden."[376] Für Blumenberg ist die „Entbehrung der Gnade [...] das

---

[372] Vgl. Goldstein, J., *Hans Blumenberg*, S. 126.
[373] Blumenberg, Hans, „Der Antipode des Faust. Zum 70. Geburtstag von Franz Kafka am 3. Juli 1953", 1953, in: Ders., *Schriften zur Literatur 1945 – 1958*, herausg. v. Alexander Schmitz u. Bernd Stiegler. Frankfurt a.M. 2017, S. 118f.
[374] Ebd., S. 120.
[375] Vgl. Flasch, K., *Hans Blumenberg*, S. 244.
[376] Blumenberg, „Der Antipode des Faust", S. 119.

unendlich variierte Thema aller seiner Werke", insofern man ungewiss ist, an ihr teilhaben zu können. Deshalb ist die *Demut* in Bezug auf Max Scheler (1874 – 1928) die besondere Tugend, die Kafka besitzt: „Er hat auf nichts gerechnet, sich von allem bestürzen lassen, und sein Fazit lautete: ‚Ich habe zu allem ja gesagt.'"[377] Kafka geht alles verloren, was zu verlieren ist und erwachend nimmt er die bestehende Welt mit Misstrauen wahr – man mag auch nihilistisch sagen: *Entselbstverständlicht* – und fokussiert sich tröstend auf die *Faktizität des Daseins*, die eigene Existenz, auch wenn diese nihilistisch inhaltlos, sprich ein Nichts ist.[378] Aus dieser Verwunderung über die Existenz folgt sogleich auch die *Sorge*, da sie nicht selbstverständlich ist:

> „Ich hatte, seitdem ich denken kann, solche tiefste Sorgen der geistigen Existenzbehauptung, daß mir alles andere gleichgültig war", schreibt Kafka an den Vater. In einer Welt, die der namenlosen Freiheit, der verspieltesten Allmacht ohne Gesetz und Regel, ohne Pfand und Gnade ausgeliefert ist, durchdringt die Sorge der Selbstbehauptung das Dasein bis in seine Wurzeln und in seinen Grundbestand.[379]

Die Bemühungen der *Selbstbehauptung* hängen schließlich zusammen mit der Not der *Selbsterhaltung* – beide Begriffe sind miteinander vernetzt. Die *Sorge der Existenz* geht bei Kafka in das nötige Bestreben nach *Selbsterhaltung* über. Während Kafkas Selbstbehauptungsversuche ergebnislos angesichts der Übermacht des Vaters waren, zeigt sich darin doch ein entscheidendes Philosophem, das wir beim frühen Blumenberg an ganz bestimmter Stelle wiederfinden; auch dessen Lösung für die Frage ethischer Möglichkeit geht von der Verwunderung über die Existenz, von der *Faktizität des Daseins* aus. Wie sieht Blumenberg darin einen Weg ethischen Handelns?

3.2.2 Freiheit als Selbstbegründung und Moral als Selbstwahrung des Daseins

Blumenberg fragt nach dem fundamentalsten „Sachverhalt, an dem die Gegebenheit der *Freiheit* als *ratio essendi*, als Seinsgrund der Moralität, die bloße *Faktizität* übersteigt und sich in klarer und deutlicher *Notwendigkeit* zeigt?"[380] Es ging der Philosophie um die Feststellung, ob das Denken die *Freiheit* nicht schon *notwendig* voraussetzt, d.h. ein deduktiver Zusammenhang zwischen praktischer und theoretischer Philosophie herstellbar sei. Der Freiheit Evidenz zu verschaffen musste soweit bedeuten, das cartesische Cogito zu analysieren. Der dünne Faden des menschlichen Selbstbezuges ist in der Gegenwart, die jenseits des

---

[377] Blumenberg, „Der Antipode des Faust", S. 119f.
[378] Vgl. Flasch, K., *Hans Blumenberg*, S. 245.
[379] Blumenberg, „Der absolute Vater [Aufsatz]", S. 112.
[380] Blumenberg, „Ist eine philosophische Ethik gegenwärtig möglich?", S. 183.

neuzeitlichen Wirklichkeitsverständnisses steht, zu einem zu analysierenden „verschlungenen Geflecht des In-der-Welt-Seins gewirkt" worden.[381] Darin hat das menschliche Verhalten ihre Bestimmtheit verloren. Blumenberg widmet sich damit der Existenzialanalyse Heideggers zu: „Diese Analyse der vielzitierten ‚Existenz' macht nicht primär fragwürdig, *was* der Mensch sei, sondern *daß* er ist, seinen abgründigen Mangel an Notwendigkeit, seine Faktizität."[382] Die Seinsgrundfrage, warum etwas ist und nicht lieber nichts ist, wird auf das menschliche Selbstsein angewendet und erhält darin ihre Schärfe. Es ist die Frage nach dem Grund des menschlichen Selbst, seines *Woher*. Und obwohl dieses *Woher* unbegründet und unbefragbar ist, so ist das menschliche Selbstsein doch in seinem *Dass*, seiner puren Faktizität überliefert und anheimgegeben:

> Der Mensch existiert nicht kraft seiner Natur, nicht „von selbst", sondern um seiner selbst willen, indem er nicht nicht-sein *will*. Sein ganzes Denken und Handeln muß vor dem Hintergrund eines ihm selbst verfügbaren Auch-nicht-sein-Könnens gesehen und verstanden werden.[383]

Die menschliche Existenz ist kontingent, d.h. man kann sich selbst gleichermaßen existent oder nicht-existent denken. In dem Sinne eröffnet sich dem Menschen die Wahrnehmung des Auch-nicht-sein-Könnens, also dass man eben nicht ist. Dass der Mensch eben auch nicht sein kann, ist die Prämisse, die sich hier herausstellt. Es eröffnet sich der Sachverhalt, dass der Mensch in jedem Akt zu sich selbst steht, es ihm um sich selbst geht oder anders gesagt „ich" sagen kann. Diesen Sachverhalt fasst Heideggers Begriff der „Sorge" zusammen. Dort erfüllt die *Sorge* eine wesentliche Funktion in der Daseinsanalytik, insofern sie die strukturellen Aspekte der Seinsweisen des Daseins, d.h. Existenzialität (Sich-vorweg-sein), Faktizität (Schon-sein-in) und Verfallen (Sein-bei) in sich vereint.[384] Die Sorge ist damit als Strukturbegriff wesentlich das Sein des Daseins, sein In-der-Welt-sein.[385] Schon bei Epikur bedeutet in-der-Welt zu sein, voller *Sorge* zu sein; bei Heidegger wird das Verhältnis von Welt, Mensch und Sorge weiter ausgeführt.[386] Insofern die Kluft von Subjekt und Objekt im Sinne Heideggers bloß eine Verkennung des unauftrennbaren In-der-Welt-Seins ist, muss die phänomenologische Intentionalitätsstruktur des Sich-Richtens-auf (Subjekt-Objekt) in die einheitlich-ekstatische Sorge-Struktur von Sich-vorweg-sein-im-Sein-bei (Dasein-Dinge-Welt) zurückgeführt

---

[381] Blumenberg, „Ist eine philosophische Ethik gegenwärtig möglich?", S. 183.
[382] Ebd., S. 183.
[383] Ebd., S. 183.
[384] Vgl. Fleming, P., „Sorge", in: Buch, R. (Hrsg.), Weidner, R. (Hrsg.), *Blumenberg lesen: Ein Glossar*, Berlin 2014, S. 294.
[385] Vgl. Ebd., S. 294.
[386] Vgl. Ebd., S. 293.

werden.[387] Für Blumenberg geht es bei dem *Sinn von Sorge* in allen Fällen dem Dasein als *Sorge* um sein Sein.[388] Das Entscheidende an der *Sorgestruktur* ist für Blumenberg nun, dass dies nicht nur ein Inbegriff ist, „der alle möglichen Vorstellungen als die meinigen begleitet, sondern auch ein Moment radikaler Freiheit" bedeutet, „das in allen Akten meines Daseins eingeschlossen ist."[389] In der *Sorge* sieht Blumenberg damit eine *Grundverfassung*, die schon immer *Freiheit* ist. Bereits in der Antike, d.h. vor der Differenz der Daseinstypik oder vor dem Grund aller zu entwerfenden Maximen, bedeutet Freiheit, dass es dem Menschen *um sich selbst* geht. Hier liegt also ein fundamentaler Gedanke für ethische Konsequenzen, denn die *Kontingenz* als Möglichkeit des Sein-oder-Nicht-seins ist „für den Menschen […] eine *entscheidbare* Möglichkeit."[390] Als Konklusion steht damit: „Die Freiheit ist also nicht erst Prinzip des *Handelns*, sondern dem zuvor schon Prinzip des *Daseins*."[391] Der Mensch *ist* nur, weil er ein *freies* Wesen ist, heißt; weil er aus der Freiheit die entscheidbare Möglichkeit bejaht, zu leben. Die *Freiheit* als *Seinsgrund der Moralität* wird mit dem Kontingenzproblem zusammengeführt. Das cartesische „cogito ergo sum" lässt sich somit in ein „me esse volo ergo sum" umformen, also nicht „Ich denke, also bin ich", sondern „Ich will mich sein, also bin ich". Insofern der Inbegriff der Ethik das moralische Gesetz der *Selbstwahrung der Freiheit* ist, bedeutet Ethik „für den Menschen, als er selbst um seiner selbst willen *sein* zu können".[392] Blumenberg erklärt die Legitimation dieses Gedankens in Bezug auf seine „Zeit, in der der Verlust der Freiheit in so unmittelbarer Nachbarschaft mit der Liquidation der nackten Existenz als solcher steht". Seine Anspielung ist offensichtlich: Blumenberg ist ein Autor der Nachkriegszeit. Sein Horizont ist geprägt von der Erfahrung des größten Vernichtungskrieges jeher. Die Macht der beiden Weltkriege des 20. Jahrhunderts waren schockierend – besonders der Erste Weltkrieg zeigt schon, wie der Begriff des Krieges in ganz neue Dimensionen potenziert wurde, betrachte man nur den Schock sichtbar an den Kriegszitterern, die von der Gesellschaft verachtet wurden – an diesem Sachverhalt zeigt sich schon die Ambivalenz zwischen altem Kriegsverständnis und den neuen Erfahrungen im Ersten Weltkrieg. Der Zweite Weltkrieg gipfelte in der Erfindung der Atombombe, die die ganze Welt vor der Zerstörungsmacht des Menschen erzittern ließ. Aber auch die Macht faschistischer Regime,

---

[387] Vgl. Fleming, P., „Sorge", S. 299.
[388] Vgl. Ebd., S. 299.
[389] Blumenberg, „Ist eine philosophische Ethik gegenwärtig möglich?", S. 183.
[390] Ebd., S. 183.
[391] Ebd., S. 183.
[392] Ebd., S. 184.

despotische Systeme der Unfreiheit, vereint die systematische Auslöschung menschlicher Existenz bis zum Äußersten unter sich, wobei das ganze Ich der gesellschaftlich Verachteten vernichtet wird.[393] Die *Freiheit* ist für Blumenberg bewahrenswert, aber sie ist kantisch gesehen kein Wert und als solcher, als Kulturwert beispielsweise, nicht bewahrenswert. Bewahrens*notwendig* ist sie „als der radikale Grund des Daseins, als die Möglichkeit, sich selbst zu wollen, zu sich selbst zu stehen".[394] In der *Freiheit* liegt die Notwendigkeit, d.h. verpflichtend das ethische Sollen, in der „die Maxime ihrer Selbstwahrung *Gesetz*" ist.[395]

4. Zusammenfassende Betrachtungen und Conclusio

Während die *ontologische Distanz* den Gedanken der *Faktizität* vernachlässigt, ihn gar ausschließt, hebt ihn Blumenberg hervor. In der Bewegung der Wirklichkeitsbegriffe zeigt sich die Bedeutung des *Nihilismus* als eben diese Bewegungskategorie selbst, die den Menschen aus seiner zweckdienlichen *ontologischen Distanz* herausreißt. Blumenberg macht dagegen den *geschichtlichen* Bezug zur Wirklichkeit stark. Dennoch ist der Nihilismus ein Problem als Krise des Wirklichkeitsbezuges. Das kritische Potenzial wird vor allem im zweiten Schritt des Nihilismus deutlich: Er ist zuallererst eine Krise des Wirklichen, im zweiten Schritt betrifft dies den moralisch-ethischen Bereich, insofern unter seiner Macht die Werte nichtig werden. Daran nehmen wir sein problematisches Potenzial wahr. Blumenbergs Kafka-Deutungen boten eine umfassende Analyse des Nihilismus, sowie der Begriff in seiner phänomenologischen Retrospektive vorbereitet war. Darüber hinaus bietet er uns aber auch einen Ausblick, wie der Mensch in *bodenloser* Lage – Nihilismus als Krise des Wirklichkeitsbodens, auf dem das ganze menschliche Handeln gründet – reagieren kann. Das Stichwort ist „Selbstbehauptung". Der aufmerksame Leser sieht sofort die Parallelen zur späteren Anthropologie. Wo Blumenbergs Deutungen allerdings unbrauchbar für eine post-nihilistische Ethik werden, ist sicherlich die Ausweglosigkeit in Kafkas Bemühungen. Seine *Selbstbehauptung* schlug fehl angesichts der Absolutät des Vaters. Das allein mag nicht reichen, doch soll nicht trüben; Kafka besitzt die

---

[393] „Neues Grauen hat der Tod in den Lagern: seit Auschwitz heißt den Tod fürchten, Schlimmeres fürchten als den Tod. Was der Tod gesellschaftlich Gerichteten antut, ist biologisch zu antizipieren an geliebten Menschen hohen Alters; ihr Körper nicht nur sondern ihr Ich, alles, wodurch sie als Menschen sich bestimmten, zerbröckelt ohne Krankheit und gewalttätigen Eingriff. Der Rest von Vertrauen auf ihre transzendente Dauer schwindet gleichsam im irdischen Leben: was an ihnen soll es sein, das nicht stürbe?", siehe hierzu bes.: Adorno, Theodor W., *Negative Dialektik*, Frankfurt a.M. 1966, S. 362.
[394] Blumenberg, „Ist eine philosophische Ethik gegenwärtig möglich?", S. 184.
[395] Ebd., S. 184.

entscheidende Fähigkeit der *Verwunderung*. Angesichts der Entbehrung einer jedem Menschen gewissen *Gnade* lehrt Kafka in Blumenbergs Verständnis *Demut* und das bedeutet, zu allem immer „Ja" gesagt zu haben. Sein Fokus lenkt sich auf die *Faktizität des Daseins*. Eben dieser Grundgedanke wird für Blumenberg zum fundamentalsten Sachverhalt, die *Freiheit* als notwendige *ratio essendi* anzusehen. Daraus gelingt es ihm, die Maxime ihrer *Selbstwahrung* zum Gesetz zu erheben. Die Frage nach der *Möglichkeit* einer Ethik hat er damit definitiv beantwortet. Dennoch bleibt er hier, der Form geschuldet, dünn und dabei ist es das ethischste, was uns dieser Autor gibt. Was es aber von sich aus nicht herzugeben vermag, ist eine wirkliche Bejahung des Lebens. Die *Freiheit* ist als *Möglichkeit*, sich selbst zu *wollen*, bewahrenswert, die eigene *Kontingenz* eine entscheidbare Möglichkeit. Was ist nun aber mit der Entscheidung dieser Möglichkeit, sein Leben zu verneinen, es aus *Freiheit* zu vernichten? Denn wie diese Entscheidung auszusehen hat, gibt der Text meines Erachtens nach nicht genau her. Jede weitere Interpretation ist gefährlich angesichts der geringen Masse, die insoweit uneindeutig ist. Der Text begründet, wie Ethik zu erhalten ist, nicht aber, wie sie auszusehen hat. Was sich aber abschließend festhalten ließe, ist Blumenbergs Positivität; wir haben hier einen Philosophen, der das Problem des Nihilismus samt seiner moralischen Komponente formulierte, selbst aber kein Nihilist ist. In ihm wirkt der geistige Wiederaufbau. Er löst den moralischen Nihilismus und bietet damit Fundament, auf dem sich weiter post-nihilistisch philosophieren bzw. *arbeiten* ließe.

Literaturverzeichnis

Primärliteratur:

- Blumenberg, Hans, *Realität und Realismus*, herausg. v. Nicola Zambon, Berlin 2020.
- Blumenberg, Hans, „Wirklichkeitsbegriff und Wirkpotenzial des Mythos", 1971, in: Ders., *Ästhetische und metaphorologische Schriften*, Ausw. u. Nachw. v. Anselm Haverkamp, Frankfurt a.M. 2001.
- Blumenberg, Hans, „Wirklichkeitsbegriff und Möglichkeit des Romans", 1964, in: Ders., *Ästhetische und metaphorologische Schriften*, Ausw. u. Nachw. v. Anselm Haverkamp, Frankfurt a.M. 2001.
- Blumenberg, Hans, „Ins Nichts verstrickt. Wird man in zehn Jahren noch von Sartre sprechen?", 1955, in: Ders., *Schriften zur Literatur*, herausg. v. Alexander Schmitz und Bernd Stiegler, Berlin 2017.
- Blumenberg, Hans, „Der absolute Vater [Aufsatz]", 1953, in: Ders., *Schriften zur Literatur 1945 – 1958*, herausg. v. Alexander Schmitz u. Bernd Stiegler, Berlin 2017.
- Blumenberg, Hans, „Der Antipode des Faust. Zum 70. Geburtstag von Franz Kafka am 3. Juli 1953", 1953, in: Ders., *Schriften zur Literatur 1945 – 1958*, herausg. v. Alexander Schmitz u. Bernd Stiegler, Frankfurt a.M. 2017.
- Blumenberg, Hans, „Ist eine philosophische Ethik gegenwärtig möglich?", in: *Studium Generale* 6 (1953).
- Blumenberg, Hans, „Der absolute Vater [Zeitungsartikel]", 1952, in: Ders., *Schriften zur Literatur 1945 – 1958*, herausg. v. Alexander Schmitz u. Bernd Stiegler, Berlin 2017.
- Blumenberg, Hans, „Plädoyer für diese Zeit. Versuch einer Ehrenrettung für eine schlecht beleumundete Epoche", 1952, in: *Hans Blumenberg alias Axel Colly. Frühe Feuilletons (1952-1955)*, herausg. v. Alexander Schmitz u. Bernd Stiegler, Frankfurt a.M. 2018.
- Blumenberg, Hans, „Die Krise des Faustischen im Werk Franz Kafkas", 1951, in: Ders., *Schriften zur Literatur 1945 – 1958*, herausg. v. Alexander Schmitz u. Bernd Stiegler, Berlin 2017.
- Blumenberg, Hans, „Das Problem des Nihilismus in der deutschen Literatur der Gegenwart [Vortrag]", 1950, in: Ders., *Schriften zur Literatur 1945 – 1958*, herausg. v.

Alexander Schmitz u. Bernd Stiegler, Berlin 2017.

- Blumenberg, Hans, „Das Problem des Nihilismus in der deutschen Literatur der Gegenwart [Vortragsankündigung]", 1950, in: Ders., *Schriften zur Literatur 1945 – 1958*, herausg. v. Alexander Schmitz u. Bernd Stiegler, Berlin 2017.
- Blumenberg, Hans, *Die ontologische Distanz. Eine Untersuchung über die Krisis der Phänomenologie Husserls*, unveröffentlichte Habilitationsschrift Kiel 1950.

Sekundärliteratur:

- Flasch, K., *Hans Blumenberg. Philosoph in Deutschland: Die Jahre 1945 bis 1966*, 2. Aufl., Frankfurt a.M. 2017.
- Fleming, P., „Sorge", in: Buch, R. (Hrsg.), Weidner, R. (Hrsg.), *Blumenberg lesen: Ein Glossar*, Berlin 2014.
- Goldstein, J., *Hans Blumenberg. Ein philosophisches Portrait*, Berlin 2020.
- Sommer, M., „Wirklichkeit", in: Buch, R. (Hrsg.), Weidner, D. (Hrsg.), *Blumenberg lesen. Ein Glossar*, Berlin 2014.
- Winkler, W., 08.02.19, „Zu Beginn der Fünfzigerjahre schrieb der Philosoph Hans Blumenberg Feuilletons für verschiedene Zeitungen", [Süddeutsche Zeitung] https://www.sueddeutsche.de/kultur/hans-blumenberg-neue-rundschau-rezension-1.4320680 (Zugriff am 07.04.21).